圣严法师◎著

学佛入门

华东师范大学出版社

图书在版编目（CIP）数据

学佛入门／圣严法师著. —上海：华东师范大学
出版社，2013. 1
 ISBN 978 - 7 - 5675 - 0287 - 1

 Ⅰ. ①学…　Ⅱ. ①圣…　Ⅲ. ①佛教 - 基本知识　Ⅳ. ①B94

中国版本图书馆 CIP 数据核字（2013）第 023437 号

台湾法鼓山文教基金会授权
华东师范大学出版社有限公司独家出版简体中文版

上海市版权局著作权合同登记　图字：09 - 2012 - 904 号

学佛入门

著　　者　圣严法师
项目编辑　许　静　储德天
特约编辑　邱承辉
审读编辑　蔡　军
封面设计　吕彦秋

出版发行　华东师范大学出版社有限公司
社　　址　上海市中山北路 3663 号，邮编 200062
网　　址　www. ecnupress. com. cn
电　　话　021 - 60821666　行政传真 021 - 62572105
客服电话　021 - 62865537（兼传真）门市电话　021 - 62869887（邮购）
地　　址　上海市中山北路 3663 号华东师范大学校内先锋路口
网　　店　http：//hdsdcbs. tmall. com

印 刷 者　三河市中晟雅豪印务有限公司
开　　本　880 × 1270　32 开
印　　张　8
字　　数　200 千字
版　　次　2014 年 1 月第 1 版
印　　次　2021 年 4 月第 5 次印刷
书　　号　ISBN 978 - 7 - 5675 - 0287 - 1/B. 754
定　　价　29. 80 元

出 版 人　王　焰

学佛入门

目 录
Contents

编者序

1. 四圣谛讲记

前　言／002

佛法的基础／003

"四圣谛"是什么／004

四圣谛的经论依据／006

四圣谛是世间和出世间的两类因果／007

四圣谛的内容／010

结　论／024

2. 六波罗蜜讲记

什么叫作波罗蜜／026

布施波罗蜜／029

持戒波罗蜜／033

忍辱波罗蜜 / 036

精进波罗蜜 / 040

禅定波罗蜜 / 046

般若波罗蜜 / 056

结　论 / 058

3. 四弘誓愿讲记

前　言 / 060

众生无边誓愿度 / 061

烦恼无尽誓愿断 / 066

法门无量誓愿学 / 073

佛道无上誓愿成 / 077

4. 四念处讲记

修四念处的究竟目标——智慧 / 081

大乘观空的方法 / 092

5. 四正勤讲记

四正勤是三十七道品的内容之一 / 096

四正勤的异名 / 100

善法与恶法 / 102

四正勤的内容 / 106

修行四正勤的重要性 / 110

精进的种类／113

佛教基本三经皆重视精进行／115

结　论／122

6. 四如意足讲记

四如意足是四种定境／124

修证次第中的四如意足／126

四如意足的内容／128

四如意足即是四种三摩地／131

四如意足即是四神足／135

四如意足为何称为四神足／137

四神足不是神足通／139

7. 五根五力讲记

何谓五根及五力／144

如何在日常生活中运用五根／146

五根五力的经证及论证／167

问　答／171

8. 七觉支讲记

三十七道品第六科／175

何谓七觉支／177

七觉支的意义／179

《阿含经》中的七觉支修持及其功用／192

大乘经论中的七觉支／203

9. 八正道讲记

何谓八正道／211

八正道的地位／212

八正道是舍苦乐二边的中道行／214

八正道的定义／217

八正道的内容／220

八正道与三增上学／237

八正道与四圣谛／238

八正道与十二因缘／240

八正道是三乘共法／242

八正道即为大乘佛法／244

出离三界的八正道／247

编 者 序

　　因人有八万四千烦恼，故佛教有八万四千法门，面对无量法门，该如何择定修行的起点呢？《学佛入门》可说是八万四千法门的总纲，涵括四圣谛、六波罗蜜与四弘誓愿、三十七道品，是修行的入门起点，也是成佛的圆满终点。

　　四圣谛是佛陀所讲的第一堂佛法课，这门功课也是所有佛弟子都必修的第一堂课。佛陀初转法轮的五比丘因听闻四圣谛，而由凡夫证得阿罗汉果，成为佛陀最早的出家弟子。从此，佛教三宝——佛、法、僧便具足了。

　　四圣谛是指苦谛、集谛、灭谛、道谛，是佛陀所领悟到的四种真实道理。基础的佛法以四圣谛为总纲，作为生死流转与还灭的指导原则。四圣谛是佛法的根本，不论大、小乘佛法皆离不开此修行原则。

　　六波罗蜜是大乘菩萨道的修行法门，以六度统摄一切行，故名六度万行。六波罗蜜并非是大乘佛教专有名词，大、小乘佛典皆有此名，重点在于是否愿发无上菩提心。

　　六波罗蜜是指布施波罗蜜、持戒波罗蜜、忍辱波罗蜜、精进波罗蜜、禅定波罗蜜、般若波罗蜜。六波罗蜜又称六度，"度"指的是超越苦与烦恼的意思，以六种波罗蜜为修行方法，破除人我执与法我执两种我执，断除分段生死与变异生死两种生死，度越至涅槃彼岸。

四弘誓愿是成就三世一切诸佛的通愿，因此是欲成佛者必发的誓愿，从初学佛到成佛，毋忘于心。

"众生无边誓愿度，烦恼无尽誓愿断，法门无量誓愿学，佛道无上誓愿成"，这四个誓愿是佛弟子于早晚课都必诵读的，以提醒自己要度众生、断烦恼、学法门，在度化众生中消解自我烦恼，以誓愿为指标，精进修学佛法不懈怠。

掌握佛法纲要，体会四圣谛真理一分，便断除烦恼一分；实修六波罗蜜方法一分，便靠近彼岸一分；牢记四弘誓愿一分，便靠近佛道一分。身心烦恼将一分一分断除，智慧光芒将一分一分显露，直至圆满无碍。

三十七道品，是通往觉悟之路的地图，是七个基础的佛法修行阶段。

身为禅师的圣严法师，在本书中以独特的观点解释了三十七道品的次第渐修法门与禅宗顿悟法门的调和问题。法师表示，禅虽讲顿悟，亦涵盖渐修，此三十七道品可做为顿悟法门的基础，甚至利益不能顿悟见性之修行者。

佛法有八万四千法门，但终归一解脱味。无论是解经或指道禅修，圣严法师总能顾虑现代人忙碌的生活方式，以最切合时代的语言和实例，从无边的经藏大海中，瓢取那最纯粹的解脱味与读者分享。然而修行亦如饮水，冷暖自知，期盼读者能亲自品尝、用心体会，领略那妙不可言的法味。

法鼓文化编辑部

1. 四圣谛讲记

　　四圣谛是基础的佛学，释迦牟尼佛在成道之后的第一个夏天，最初在鹿野苑为五位比丘弟子所讲的佛法，就是四圣谛。四圣谛的内容有二个层次，也就是所谓的三转法轮。

前　言

　　四圣谛是基础的佛学，释迦牟尼佛在成道之后的第一个夏天，最初在鹿野苑为五位比丘弟子所讲的佛法，就是四圣谛。四圣谛的内容有三个层次，也就是所谓的三转法轮：

　　（一）此是"苦"的事实；苦果定有其苦因，名为"集"；此是灭苦之"道"；此是苦"灭"的涅槃。

　　（二）苦宜灭，集宜断，道宜修，灭宜证。

　　（三）苦已灭，集已断，道已修，灭已证。

　　这是四圣谛的三个层次。

　　释迦牟尼佛讲了三次，当他讲到苦已灭了，苦的原因已断了，苦的修行方法已修了，实际上已经进入涅槃；到了第三个层次时，这五位比丘弟子也都全证得阿罗汉果了。

佛法的基础

基础的佛法应该包括以下的四项：

（一）**依戒而住**。戒律，包括在家众的五戒、八戒及十善，出家众的沙弥戒、比丘戒、比丘尼戒。戒律就是健康清净的生活规范。

（二）**依法为师**。依"三法印"为依归。"三法印"是指：诸行无常，诸法无我，涅槃寂静；南传巴利文的三法印中的第三法印是有受皆苦。

（三）**以解脱为目的**。观十二因缘而出生死流转，破执而离苦。佛法所讲的正法，就是对生命的判析，生命的生死过程，是以十二因缘构成的，从十二因缘来观照；观成之后，便会觉悟到人的生命是如何形成的。同时，也能够觉悟到人的生命之虚妄，便可从执著的烦恼之苦，而得解脱。

（四）**以四圣谛为总纲**。四圣谛是生死流转及生死还灭的指导原则。一切大、小乘佛法，无非围绕着众生的生死及解脱问题在做宣导，故亦皆依四圣谛为根源。如果离开四圣谛的原则而说的，都不算是佛法，而是外道法。

戒律及正法，合称为正法律，目的是引导众生趋向于解脱，故皆不离四圣谛的原则。

"四圣谛"是什么

为何说是"四圣谛"？因为：

（一）是佛陀或阿罗汉等圣人所通达的四种真实的道理，故名为圣谛。

（二）能如实正觉此四种道理而登圣位，成等正觉，故为圣谛。释迦牟尼佛成道后初次说法度五比丘时，所讲的就是四圣谛。

（三）四圣谛的四种道理，是如实，非不如实，是真实不虚的，故名为圣谛。在佛的观察和体验，苦和苦灭，永远是众生所需要知道的，人类要想离苦，必定要断绝受苦的原因，如何断除受苦的原因，就必须修行灭苦之道。这是四种真实的道理，因此称之为四圣谛。

（四）"圣"有"正"义，能发无漏智，证涅槃之正理者，即成为悟道的圣者。

四圣谛是什么呢？

苦圣谛

有苦难相，苦已发生。也就是说，圣人已经知道了三界众生即是受苦的事实，由于苦难、苦厄、苦恼等的现象，使娑婆世界的烦恼众生，头出头没，流浪生死，永无了期。

苦集圣谛

有生起相，使苦的事实发生。就是先有了引生苦果的行为，构成了受苦的原因，才会发生苦的结果。从圣人的立场所看到的苦的原因，是由于众生在烦恼愚痴中造作种种不善行为，而形成一种力量，名为业力。这股力量，就是将来要受苦的原因。

苦灭圣谛

有寂静相，苦已中止。圣人已经实证诸行无常，诸法无我，涅槃寂静，苦已是不存在了，停止了接受苦的事实。

灭苦所修之道圣谛

有出离相，使苦停止。如何使得苦的事实不再产生或停止呢？必须要修灭苦的道，那就是运用正常、正当的生活，以及清净的身心，杜绝造作种种恶业的机会。修道和非修道的生活是不一样的，不修道，一定永远在造作苦的因，不断地接受苦的果；修道则不再继续造作苦的原因，自然也不会再有苦的结果。

四圣谛的经论依据

（一）四圣谛在三藏圣典之中的依据相当多，在《长阿含经》、《中阿含经》、《增壹阿含经》以及《杂阿含经》等原始经典中，都讲到四圣谛。具体的则有：1.《长阿含经》卷八的《众集经》；2.《中阿含经》卷七的《分别圣谛经》；3.《四谛经》。

（二）在论典里面，基本的有：1. 阿毗达摩的《大毗婆沙论》卷七七；2. 世亲的《俱舍论》卷二二；3. 婆薮跋摩（Vasuvarman）的《四谛论》，共有四卷；4. 觉音的《清净道论》第十六《根谛品》。

（三）中国天台宗的智者大师，依据《大涅槃经》详论：生灭四谛、无生四谛、无量四谛、无作四谛。

此外，在藏传及南传的论典内，还有不少处论及四圣谛。因为四圣谛是佛法的根本，不论是小乘佛法、大乘佛法，要是离开了四圣谛的原则，就没有了根据。本文姑且不讨论各宗各派对于四圣谛的论列，单就基础佛法介绍四圣谛的法义。

四圣谛是世间和出世间的两类因果

什么叫作世间及出世间？世间就是时间加空间，凡是生活在有时间感、有空间感的环境之中，一定是无常的，是有生有灭的，是经常变化的。

例如时间一天天过去，而人们的生命在继续地延伸着；事实上，人的生命，从生到死，从有到无，其过程是在不断地变化，这就叫作无常。

然而，无常的时间现象，一定是在空间之中移动变化。时间的过程，有长有短，空间的位置，有大有小，由于种种不同的时空因缘，使得人们的生命现象产生变化，才有了永无止境的无常，因此，时间加空间的不定性，便形成了没有永恒不变的现象，这就叫作世间。

出世间的定义，是说圣人已经离苦而得解脱，其内心世界不再有时间和空间所给予的拘束；虽然还在时间及空间之中，但已经不受任何时空现象所动摇、所困扰。

四圣谛跟世间及出世间是什么关系呢？苦谛和集谛是属于世间的，灭谛和道谛则是属于出世间的。世间是凡夫众生的生死流转，出世间是圣人永离众苦的涅槃寂静。

苦谛——有漏的世间果

众生的生命，无常生灭，犹不自觉，故为苦果。苦是属于世间的事实，就是在世间接受苦的果报。

集谛——有漏的世间因

众生于生死中，既在受苦的果报，同时也在造种种业，构成继续接受种种苦的原因。因此，苦是在世间的果，集则是在世间造作受苦的因。

一定有人会这样想：我们在这个世界上，每天的日常生活中，也有快乐的时候；一生之中，也有快乐的时光，怎么会全部都是苦的呢？然而释迦牟尼佛告诉我们，世间上的任何一样事，任何一个现象，都不可能是永恒的，即使有快乐，结果还是苦，因为无常即是苦。

或者有人认为，无常也不算是苦，没有就没有了，又有什么苦呢？但是，从佛法的观点来讲，无常并不等于没有苦，乐不能持久故是苦，乐的无常并不等于不再受苦，而是苦的连续。

灭谛——无漏的出世间果

永离烦恼的无明，业惑从此不起，故从苦果获得解脱，一切的苦因，永不造作，所以称之为不生不灭的涅槃境界。

道谛——无漏的出世间因

此即是修行灭苦断集的八种圣道，亦名八正道。苦灭谛是果，灭苦的道谛是因；苦灭，就是涅槃，是解脱生死的一切苦厄，而已得到出离世间的结果，称为灭谛。但是在尚未得到出世间的结果之前，必须要有修道的生活及其所修的项目；所以，修持八正道，即为出世间之因行。

由世间因果转换成出世间因果

若人希望由世间因果而转换成出世间因果，必须根据四圣谛的原则。释迦牟尼佛初度五比丘，三转四谛法轮，使得五位比丘弟子从凡夫而证得阿罗汉果，这就是从世间因果而变成出世间因果的例子。以下再做深一层的解释：

苦圣谛：是知四苦、八苦的生死果报，不论正报及依报，皆是苦的果报。苦谛是教人们知道苦的事实，就是要人知道人生即是四苦、八苦；这也说明了人这个果报的身体，就是苦的事实。正报是主观的身心条件、是受苦的主人；依报是客观的生活环境，是给我们受苦的世间。

集圣谛：亦名爱习苦习圣谛，爱腻染著内六处，名为习，贪恋染著外六处，亦是苦。苦的原因是怎么来的？是因为对于自己生命现象的身体，也就是眼、耳、鼻、舌、身、意等内六处（即是六根），非常的爱惜、执著，甚至牢牢不放；又对色、声、香、味、触、法六尘境攀缘不舍；于是，根身、器界的结合，而生六识的我执，造作种种的业，集成了苦报之因。

灭圣谛：亦名爱灭苦灭圣谛，舍去对于内六处的爱腻染著，获得解脱，便是苦灭。就是对于自己的根身不再爱著，对于器界不再攀缘，苦因不生，苦果永尽。

道圣谛：亦名苦灭道圣谛，即是修持离苦的八正道，断苦习，灭苦果。八正道的内容相当丰富，涵盖着种种的修行方法，包括戒、定、慧三无漏学以及从五停心、四念住，配合修持十六特胜而发无漏智慧，入初果的见道位。

四圣谛的内容

一、苦谛的内容

无常变坏的依正二报，使众生造业受苦。世间法就是无常的，不断在变化，中国的《易经》称它为"生生不已"，在佛法则是"生灭不已"。因为在生的同时，已经有了灭的、坏的现象，事实上，生灭是一体的两面，同时进行。无常的现象，可分三类的四相来解释说明：1. 生住异灭；2. 生老病死；3. 成住坏空。如果知道苦的原因就是因为无常，无常就是无我，若能实证现量的无我空性，就可以从苦因及苦果得到解脱。

（一）苦的层次有三等

苦苦：是因不能自主而又不得不感受种种苦楚。由于自我的不安定性，便无法做自己身心的主人，更无法做环境的主人。因为一切现象都以因缘而产生无常的变化，不论是身、心、环境，都不是自我所能掌控的，所以很苦，这就是苦苦。

也许有人不相信，认为自我的身心怎么可能无法由自我掌控呢？这在平常可能感觉不到，可是当你在理智和感情产生矛盾、冲突时，就会天人交战，相当地挣扎，这是自心不能自主。身体也是一样，只要当你咳嗽、感冒、头痛生病时，身体往往就不听你的指挥了。

许多人喜欢控制环境，这可能吗？对自然现象来说，希望它不要刮台风、不下暴雨、不出炎阳，要它经常风调雨顺、阴晴适时、凉暖适中，这虽理想但却做不到的。对人际关系来说，希望某人能听你的指挥，由你来管，或者某些人是你的靠山，是你所要倚靠的，偶尔运气好似乎是做得到，但大多数是不可靠的。类似这些不如心意的期待，往往多过称心如意的事；因为不自由，所以就是苦。

我经常遇到一些在家、出家的弟子，认为我就是他们所要倚靠的对象。他们会说："师父呀！你要保持健康，我们以后就靠你啦！"我说："阿弥陀佛！我靠的是佛法，你们也应当靠佛法啊！如果靠我个人，一旦我死了以后，你们又靠谁呢？"他们还会再说："师父！你可不能死啊！我们还是要靠你的啊！"

唉！这些人真是愚痴，光想靠别人，结果一定受苦；唯有亲近善知识而自己修持佛法，才能离苦。

坏苦：是说一切现象，均是无常，不能持续永久，故名为坏。这是由于身心世界，经常变幻而不能保持，故使你受苦，名为坏苦。无常即是坏，这个坏，不等于是破坏，而是变易、变化、变形、变质、变量；今天的人、事、物，今天的环境，到了明天就会有变化的。所以坏是过程，未必是终结，世间一切现象，没有最先的起点，也没有最后的终点，它们不可能停留在某一个状态，永远是在过程之中。

每一个过程，又会有不同的因缘发生，就会产生不同的结果。有些人认为自己是得到了、完成了、成功了；其实，得到也好、完成也好、成功也好，这只是另一个坏苦的开始。譬如说，一对结婚多年的夫妇，最后不是你先走，就是另一半先走，这就是无常的过程，也叫坏苦。你如无法悟透这个变易的过程，便会经历永无休止的坏苦的煎熬。

行苦：此行是五蕴中的行蕴，行蕴有造作、迁流的功能；造作是制作、产生，迁流则是生灭的变化。也即是说，世间的一切有为有漏诸法，都不能离开因缘生灭、造作迁流。一般人，都喜欢顺利，不欢喜不顺利。可是不论好事、坏事，永远都在生住异灭，造作迁流，无法静止下来，这就是"行苦"。

五蕴就是色、受、想、行、识，它们是人的生命的全部。五蕴包括心法及色法，也就是心理部分和物质部分。心理部分又分为心王及心所，受、想、行蕴属于心所，识蕴是心王；识是分别心、认识心，从认识心、分别心所产生的心理现象，名为心所，是属于心王的心理的活动。因此，没有心王，就无法产生心所。不过在原始佛典中，尚未把心理活动，分析成为心王及心所，只以五蕴的后四蕴，涵盖了一切的心王及心所。

这里所讲的行苦，是指极微细的意识状态，一般人如果能修到无想天，或是修到无色界的非想非非想处定，此时，虽然已经没有物质的色蕴，已经没有情绪等的心理活动，但是仍在三界之中，还是有一个心意的生灭起伏和迁流变化，行苦依然在运作。入灭尽定，出非想天，即停止六识的心心所法，极长七日不出定，亦名灭受想定。至第四果，出三果，便离五蕴盛苦。

若以三苦和三界相配而言，欲界的众生，都具有苦苦、坏苦、行苦的三苦；色界的众生是在禅定中，只有坏苦和行苦；到了无色界时，便只有行苦。那是由于苦苦是最粗重的，其次是坏苦，所以欲界的众生，能了解到苦苦、坏苦，至于行苦最微细，则不易体会；到了色界的众生，知道有坏苦，也能体会到行苦；进入色界的无想天以及到了无色界的众生，已进入无想非无想的深定中，苦苦、坏苦俱无，只有行苦还在，由于尚未出离三界，当他出定时，又会回到被称为万丈红尘的烦恼世界了。

（二）苦的种类有八项

三界众生，所受苦的种类有八项，即是生、老、病、死、爱别离、怨憎会、求不得，以及五蕴炽盛苦。八苦之中，欲界的众生只能感受到前面的七苦，到了色界及无色界时，才能感受到第八苦（五阴盛）中的行、识两蕴所招致的苦，例如行苦，即是五蕴之一。第八苦总括了前面的七个苦，也即是前七苦的总结。新译五蕴旧译为五阴，此苦有二义：1. 就苦而言，人皆各具五蕴，因而众苦炽盛；2. 由于具有五蕴之器的身心世界，盛满众苦，故名五蕴炽盛苦。

五蕴，在《阿含经》及《阿毗达摩》，称作五取蕴。为何被称为五取蕴？因为五蕴的产生，就是由于执取贪、嗔等烦恼，故称五取；又因为五蕴能够生起烦恼，故名五取蕴。换句话说，因为有烦恼，故产生五蕴之现象；因为有五蕴，故产生烦恼之执著；互相执取，互相依存，彼此纠缠。因此，凡夫所处的环境，称为娑婆世界，不断地由五蕴执取烦恼，由烦恼生起五蕴。只要五蕴还在产生活动，不断地生灭，就是在三界之中的凡夫，受苦连连。

五取蕴，即是众生，即是苦谛，即是世间，即是三界。当此五取蕴不炽盛时，就没有众生，就没有苦谛，就没有世间，就没有三界。《心经》云："观自在菩萨，行深般若波罗蜜多时，照见五蕴皆空，度一切苦厄。"修习佛法而开启般若智慧的目的，就是要我们照见"五蕴皆空",就是要令凡夫众生从五取蕴的炽盛之苦,得到解脱。

（三）苦的四相

释迦牟尼佛以智慧之眼看到了苦的事实,就从诸苦获得解脱。他知道苦的当下有四种相,即为四法印,证了四法印,即得解脱,即得涅槃。

四法印就是苦及离苦的道理,那就是:诸行（行蕴）无常、诸法无我、有受皆苦、涅槃寂静（空）,简言之即是无常、无我、苦、空。若不觉悟诸行无常,就是苦;若已觉悟诸行无常,无常即是空,空即是无我。若就无常、空、无我的三相而言,是三法印,若加上苦相,即为四法印,也即是苦的四相。若证悟此苦的四相,就能通达佛法,灭一切苦而得涅槃乐。

若从愚痴众生的立场来看,苦就是苦。若以佛的智慧来看,诸行无常,诸苦亦是无常,苦既是无常,也即是空、也是无我的,既已无我,那还会有什么苦呢?

我的弟子们经常在起烦恼时,我问他们:"佛法听到哪里去了啊?"他们的回答则是:"师父!我都听懂了,无常、无我、苦、空,但是我的苦却是真的,我愚痴、我生气、我没办法啊!"唉!众生真是可怜,明明知道自己愚痴,还是不愿放下,让自己一直愚痴下去。

二、集谛的内容

常常听到有人这么说:"这个世界真不公平,我这辈子什么坏事也没做,为什么恶运会临到我身上?"于是怨天、怨神、怨佛菩萨们不长眼睛,使他们受苦受难。这些人若是听了集谛的道理之后,大概就不会再这么想了。

使众生引起世间苦果的原因，便是苦集谛。众生在世间，是由果报的"种子识"牵引而来。所谓果报，又分为华报、果报、余报以及因果同时之报。所谓华报，是即生造业即生受到若干报应；所谓果报，是造什么业因，来生中必受主报；所谓余报，是在受了果报之后，转生之后，仍受余势之报；所谓因果同时之报，是在造作业因的当下，就已经得到了某种程度的报应，此如华严宗所说的"因果海，果彻因源"，乃是同时因果论。多半的人，因为只能看到这一生，所以不相信生命是在过去无量劫之前，就一次一次的有了。事实上，现前的生命，仅仅是无量的生死过程之中，一个小小的片段而已；凡夫在一生一生的生死流转中，继续造业，又继续受苦报下去。

"果"有苦有乐，众生对于幸运的事，会很骄傲地认为是自己聪明、运气好；遇到困难时，就会怨天尤人地觉得很倒楣。却没有想到，受苦与享乐，都有其原因。多半的原因并非是这一生造的，而是在无量生以来所造的种种业，累积到现在这一生，得到了果报。知道了这个道理，便是接受了集谛的意义，遇到快乐、幸运的事，不会骄傲、得意忘形；遇到倒楣、痛苦的事，不会失望、埋怨。这就能从诸苦得到解脱了。

（一）集谛以"业"为正因

业以"思"为体，能发动根本意志，而形成身、口、意三业。集是集合与聚集的意思，集合了因和缘，聚集了苦的因及苦的缘；因就是业，缘则是烦恼，使得烦恼和业相辅相成，因缘和合而造成集谛的事实，完成集谛的内容。有了集谛，就必须接受苦的果报。

集的本体及其所依靠的，称之为"业"，至于业是如何产生的？是以"思"的心所为体，思的心所又分为两阶段，一个是"思业"，另一个为"思已业"。所谓"思业"，就是意念或心念的作用，它只是思考，而没有实际的行动；所谓"思已业"，则是一边思考，一边正在进行，但没有善与恶的性质及道德标准的问题。

业有表业（作业）及无表业（无作业）两种。"表业"有身、口、意三种形态，那就是身口意、意身口、意口身。只用"意"业，就叫"思业"，意业跟口业或是身业同时进行时，叫作"思已业"。思业虽然是没有表现出来的"无表业"，但是它会形成一种力量，这种力量称之为业力。譬如你不断地想要杀人，当业的力量推动时，你就会形成趋向于杀人的行为。因此，虽然仅仅是无表业或思业，事实上虽没有做什么坏事，但是，还是要忏悔。佛说："南阎浮提的众生，举心动念，无非是业，无非是罪。"南阎浮提就是众生所住的这个世间，凡夫众生的举心动念，都是自私自利的，因此而会造种种业，若不及时忏悔也就会造种种苦的业因了。

业的性质，有三种分类法：1. 善业、恶业、非善非恶的无记业；2. 黑业及白业；3. 烦恼业及清净业。

（二）集谛以"烦恼"为助缘

促使业的成熟者，即是无明烦恼。而集谛的业，是如何造作的呢？它一定跟烦恼相应，是故烦恼即是产生种种业的助缘；若没有烦恼，便不会造业；"思"如果跟烦恼不相应，就不会造成烦恼业，也不会变成集谛。无明，就是没有智慧的光明，它是混乱的心、情绪波动的心；自私而没有智慧的心，又称为烦恼。

烦恼大约分作三类：

1. 根本烦恼的第一类，原来只有贪、嗔、痴三个，称为三毒，再加慢及疑，成为五个，叫作修惑，又叫思惑。是从无始以来累积所成烦恼的根，要到修道位才能分分地断，至证无学道位，全部断尽；初、二、三果的有学道位即是修道位，第四阿罗汉果是无学位。

在见道前的方便位时，这五个根本烦恼是"伏"而不"断"，伏就是不现行；也就是在方便位中的凡夫，只能伏烦恼，到了初果有学位，便开始断此思惑烦恼，到了第四果方能断尽思惑。

2. 根本烦恼的第二类，总名为恶见，又称不正见，又名见惑。恶见之中又分为：身见、边见、邪见、见取见、戒禁取见等五个，是从无始以来，以及这一生所学习、经验而得到的看法想法，在初果见道位就可以断尽。

3. 由根本烦恼衍生出来的种种烦恼，是名枝末烦恼，有无量数。根本烦恼主要的类别分成贪、嗔、痴、慢、疑、恶见的六大类，枝末烦恼即为六个根本烦恼之眷属，由根本而产生枝末；也就是说，只要根本烦恼消除了，枝末烦恼自然消失不起。譬如贪是根本烦恼，与它相应的有欲、爱、取，即为枝末烦恼；嗔烦恼是根本烦恼，与它相应的有恨、嫉、忿怒，即为枝末烦恼。

如果不修道，烦恼永远在，有烦恼就会持续造业。从六个根本烦恼所产生的枝末烦恼有无量数，所以称为八万四千个尘劳门，也就是有八万四千个解脱道法的障碍门；因此，要修八万四千个法门，来对治这八万四千个烦恼。不过，八万四千实在是太多了，我们只要先抓住这见、思二惑的六个根本烦恼，做对治的工夫就可以了。

集谛便是由烦恼的惑，造生死的业，再招致无常的苦。烦恼，使心产生"思业"及"思已业"，然后变成意业、口业和身业，造业完成之后，就有了生死的业因，招致生死的果报。

（三）集谛即是十二因缘的"有"

"有"是随增义，即是随顺增上，这一生造了种种的业，因此有了业的力，准备下一生再去受报。"有"的意思，即为"随增"，是随着、顺着业力而增上生死的果报，也就是随顺着业力，而增上烦恼所形成的生死事实。

随顺增上又分两类：

1. 相应随顺增上：即是与烦恼相应具起的心及心所，随顺增上其力。

2. 所缘随顺增上：即是烦恼与所缘之境，随顺而增上其力。

因为有这两种随顺增上，对内，是随顺自己的心及心所的活动；对外，则随顺外边的环境而迁流，因此产生烦恼而造业，就变成了"有"，"有"就是集谛。

三、灭谛的内容

灭谛即是断有漏的苦因苦果，而得无碍自在的解脱道。"灭"在此处来说，是名词而非动词，它是已经完成了修道的过程，以及断除了烦恼，进入了涅槃寂静。照理应该是先要用修道的方法，来灭除苦的事实，由修道而灭苦，灭字就变成动词而非名词。因此，这里的意思是说，只要"集"断了，也就是只要不再造作苦的业因，苦的果报也自然没有了。所以讲完集谛，就讲灭谛，是正确的。

因此，真正了解了苦及苦之现象时，也会同时了解到集谛；也就是说，已经知道苦果是由于制造了苦因的关系，既知苦果来自苦因，受苦之时，心境也会相当平静而甘之如饴，不以为苦了。

如果，不知道苦因是出于自作，就不愿意接受苦果，在受苦的时候，就变成了苦上加苦。同样的事，你若认为是你应该接受的，是理所当然而心甘情愿的，接受之时就不会觉得是在受苦，此时，你就已从苦因苦果得到了解脱。

譬如说，打坐是件满痛苦的事，又不是你的意愿和兴趣，却被老师要求坐着不可动，那就是受苦了。如果是出于你的兴趣，虽知会有一点腿痛，还是愿意去打坐，因为知道打坐对你有好处，虽然腿及背还是会痛，却不算是苦了，这也算是苦"灭"的一个比喻。

（一）灭谛即是实证无我的空性

实证空性，了生脱死，证得阿罗汉位，正所谓："我生已尽，梵行已立，所作已办，不受后有。"什么叫作实证无我的空性？世间任何的现象，都是因缘和合而产生的，任何一个现象，只要另外加了一个因缘，那个现象就会改变，变得或好或坏；或者变得更圆满，或者变得更残破，乃至变得没有了。但是，最圆满的事物，在这个世间法中，是从来未曾出现过的，因为到最圆满时，实际上已经开始衰退。因此，任何一样事，任何一个现象，都是因缘生，因缘灭。因缘而产生的变化，是没有一定的、没有永恒的、没有不变的，它们的性质随时都会随着新的因缘而起变动，因此说诸法的自性即是空性。

"我生已尽"，是已出离三界的生死；"梵行已立"，是应修清净的身、口、意三业，已经圆满；"所作已办"，是应断的烦恼，已经全部断除；"不受后有"，是从此之后，不再接受任何善恶果报。这四句话是形容阿罗汉所证果位的标准用语，若尚未证涅槃，绝对不会以此四语称赞。

（二）灭谛即是从十二因缘的逆观成就与灭观成就

若从十二因缘的顺观成就及生观成就而言，即知苦果及苦因为何物；若由顺观及生观转为逆观及灭观成就，则出三界，离五蕴，入涅槃。

十二因缘，是指凡夫生命过程中之流转现象，从无明开始，接着是行、识、名色、六入、触、受、爱、取、有、生、老死等十二个阶段。

逆观、顺观是什么呢？逆观是讲无，顺观是讲有。"顺观"是说，缘无明所以有行；缘行，所以有识；缘识，所以有名色；缘名色，所以有六入；缘六入，所以有触；缘触，所以有受；缘受，所以有爱；缘爱，所以有取；缘取，所以有有；缘有，所以有生；缘生，所以有老死。知道顺观之后，就晓得生死之苦是怎么来的，生命受苦的原因是怎么一回事。

"逆观"是从无明观起，因无无明，故行亦无，无行故识亦无，无识故名色亦无，无名色故六入亦无，无六入故触亦无，无触故受亦无，无受故爱亦无，无爱故取亦无，无取故有亦无，无有故生亦无，无生故老死亦无。

此顺逆、生灭二观，亦即《阿含经》所说："此生故彼生，纯大苦聚集；此灭故彼灭，纯大苦聚灭。"

如何使得逆观成就？首由无明着手。无明是没有智慧、知见不正，所以起烦恼心造种种业。八正道中的第一个项目是正见，乃是要以正见来指导人类，使之开启无我的智慧，以智慧之明来破烦恼的无明，无明若灭，乃至老死也灭。生灭灭已，即证涅槃而登阿罗汉位。

（三）灭谛即是涅槃

断尽烦恼，解脱生死，即为涅槃，涅槃就是寂灭。烦恼不动，是为寂，烦恼不起，是为灭。根据原始的佛法，涅槃有两类：

1. 有余涅槃：即是在现生中从烦恼之苦获得解脱，不为情动，不受境迁。但是，业报的身体依旧活着，尚未舍报舍寿。就像释迦牟尼佛于菩提树下成道之时，已经灭却一切烦恼，但是他的身体还是留在人间四十九年，作为弘扬佛法的工具。又如佛陀的阿罗汉弟子们，共有一千多人，他们于断除烦恼之后，肉体并没有死，一样有冷、热、病、痛的果报，这就是"有余涅槃"。

2. 无余涅槃：即是阿罗汉们于此身死后，不再流转生死，一旦舍报，便从此不再来到世间，不再接受任何生命的果报体；从此以后，进入寂灭，不再出现。故称为"无余涅槃"。

（四）灭谛即是无学位

1. 修四谛｜六行相证初果，即入见道位，自此而历二果及三果，均名有学果位。

2. 断三界惑尽证真谛之理，登第四阿罗汉果位，名为无学位。只有到了无学果位，方真解脱自在，才能称之为进入涅槃。

四、道谛的内容

1. 佛陀所说、所制的一切正法律，又名真谛法、中道法、解脱法，都是道谛。

2. 不苦不乐的中道行，便是道谛。

3. 八正道即是中道行。

4. 正信、正行、正知见的正法，便是道谛。

5. 由八正道统合为戒定慧，由戒定慧衍为六波罗蜜，乃至所有一切佛道品法，都是道谛。

道谛，具体的基础是八正道，就是不苦不乐的中道行；唯修中道行，才得真解脱。八正道共有八个项目，修持八正道，就可以灭除苦因苦果。

修道是渐渐修的，修到多少程度，就能减灭多少苦；渐渐地修，渐渐地减少痛苦的感受以及烦恼的困扰。修习八正道，宜配合五种增上：信增上、施增上、戒增上、定增上、慧增上。

八正道与中道善法、真谛法、解脱法等的关系

正见：是依三法印而知四圣谛，明十二因缘。此即是根据正见，对四圣谛、十二因缘起信心，叫作正信。若没有正见的信心，便是迷信。

正志（正思惟）：是思惟四谛之理，不起三毒，意业清净。正思惟又称为正分别，意思是说对四圣谛考察又考察，了解又了解，不断地思惟、考察，面对着苦的结果，然后知道苦的原因是什么，不断地想着应该要修中道行来灭苦。

正业（行）：即是远离五恶行，也就是受持五戒。这个业不是工作的职业，而是身、口、意的行为之意，也就是说要远离杀生、偷盗、邪淫、妄语、用酒等五种恶行。

正语：即是远离口业的四恶行——两舌、恶口、妄言、绮语。

正命：即是远离五种邪命，戒除不正当的生活方式，离开五种不当的谋生方式：

1. 诈现奇特：用欺诈的手段，装着使人感觉到你真有一套本事。

2. 自称功德：为了得到职业、地位而赞叹自己夸张自己是位伟大的人物，譬如告诉人家说自己有神通，或者说自己是最了不起的一位修行人等。

3. 咒术占卜：为了帮人赚钱、找对象，而用咒术、占卜替人算命看相。

4. 大言壮语：说大话，告诉他人说自己会做总统，或在多少年之内，能做大事业、赚大钱，使人听了之后，就先给你钱来资助你。

5. 彼此标榜：两人以上，彼此互相标榜，其目的是希望得到金钱、名望、地位、权力等。

正勤：即是修四正勤，亦即：未断之恶令断，已断之恶令不复起；未修之善令修，已修之善令增长。

正念：即是修四念处，亦名为四念住。这个念是方法而非妄念，有了方法之后，心念就会止于一境，其方法有：念佛、念法、念僧、念戒、念天、念施等六念，以六念为基础而修四念住，即为观身不净、观受是苦、观心无常、观法无我；由修四念住而进入八正道的"正定"。

正定：即是包括七方便及十六特胜的修定方法。七方便是：五停心、别相念、总相念，称为三贤位；暖、顶、忍、世第一，称为四善根位。相加起来，名为七方便，也就由此而入见道位，名为初果圣者。十六特胜是：知息入、知息出、知息长短、知息遍身、除诸身行、受喜、受乐、受诸心行、心作喜、心作摄、心作解脱、观无常、观出散、观离欲、观灭、观弃舍，十六特胜胜于四念住的观身不净法，是由观息而历十六层次，即入见道位，名为初果圣者。

结　论

一、四圣谛与十二因缘的关系

识、名色、六入、触、受、生、老死等七项为苦的事实，即是苦谛；无明、行、爱、取、有等五项则为苦的原因，即是集谛；因集谛而有苦谛，苦集二谛是为顺观，顺观是知道无明，最后才有生、老死。苦的原因就是集，由集而苦，变成了顺观，生死流转由此而来。

灭是无明灭故行灭，行灭故识灭，以此类推，直到生灭故老死灭，这是灭谛。逆观十二因缘就是灭谛。如果无法以逆观十二因缘得成就，修习八正道也能够达成灭生死的苦。因此，逆观十二因缘，事实上就是道灭二谛，或是灭道二谛。

二、四圣谛与三法印的关系

"诸行无常"及"诸法无我"，便是离苦、断集、修八正道的三种圣谛；"涅槃寂静"，便是苦灭圣谛。

1998 年 11 月 1 日、8 日、15 日、22 日，圣严法师讲于纽约东初禅寺，李青苑及姚世庄居士整理

2. 六波罗蜜讲记

　　仿佛法的观点来看，如果只是用自利的方式来利益自己，得到的利益不仅很小，而且是不可靠的，但是用利他的方式来利益自己时，得到的利益才是最大最可靠的。

什么叫作波罗蜜

佛法是从理论的方向来认识，以及从实践的方法来体验。分成基础的佛法和发展的佛法。

在释迦牟尼佛的时代，并没有小乘和大乘的佛法之分。而是在佛涅槃一百多年之后，才有小乘部派的佛教，又经过三四百年，有了大乘佛教的出现。然而，大乘佛教看部派佛教，甚至于原始佛教，都认为是小乘佛教，这是很不公平的。

以大乘佛法的立场来说，修四圣谛、三十七道品是小乘；修四摄法及六波罗蜜的，才是大乘的佛法。其实，在原始圣典《阿含经》中，可以看到四圣谛、三十七道品，同样也有六度。因此，六波罗蜜的名词并非大乘佛教专用，而是在基础的圣典里就有。

因此，虽然是有大乘及小乘的说法，可是大乘佛法与小乘佛法的法门，并没有分别，问题在于是否发了无上菩提心。如果只是准备在这一生或少数的几生之中，完成解脱道而进入涅槃，这是小乘思想。发了无上菩提心的人，即使进入涅槃，也是不来不去的；既不贪恋生死，也不厌离生死。像文殊、普贤、观音、地藏等诸大菩萨，都是没有准备成佛，而是永远做菩萨，永远度众生；这跟仅仅发愿在修行之后，得解脱，入涅槃，是不一样的。

但是，也有两种人并不想离开这个世间。一种人是认为世间太可爱、太有趣了，有男有女，吃喝玩乐什么都有，好享受、好快乐，舍不得离开，事实上，舍不得是办不到的。另一种是发了无上菩提心的人，他看到这世间上的人，不清楚什么是苦？什么是烦恼？还在彼此互相伤害，于是他要帮助所有众生，将他们从醉生梦死的烦恼之中唤醒，甚至在最后一个众生未醒之前，也不成佛。

事实上，除了六度之外，只要是无为无漏、有为无漏的佛法，都叫作波罗蜜；所谓无漏，就是无我的、无私的。而三十七道品、四圣谛，就是让我们从烦恼的娑婆世界，度脱至永无痛苦的涅槃，自然这也是波罗蜜。但是，站在大乘菩萨道的立场来看，只度自己是不够的，必须要度一切的众生，这才真正叫作波罗蜜。

除了少数人，几乎我们每个人都是自私的，只会考虑先度自己。有一次我讲到六波罗蜜，一位居士听到我说要发无上菩提心，就对我说：“师父！我已经是自顾不暇，连自己都帮不了，还叫我发愿心去帮助人，请您还是给我一个方法，让我先得到解脱就好了！”我相信一定有很多人都会有这样的想法吧？

依佛法的观点来看，如果只是用自利的方式来利益自己，得到的利益不仅很小，而且是不可靠的，但是用利他的方式来利益自己时，得到的利益才是最大最可靠的。

诸位都有家庭，如果你在家里是一位非常自私的人，占尽了所有的好处，那么，你与家人的关系就可想而知了。相反的，如果你能处处考虑到、照顾到家人的福利，使他们的生活快乐及幸福，此时，你在家里也一定是会受到欢迎、受到照顾的。

佛法主张，以度人来度自己才是最可靠的方法。因此，基本上六度就是在度自己，可是着手的方法和着眼点都是在度他人。六度是什么？就是布施、持戒、忍辱、精进、禅定、般若。以此六种修行的方法，来破除二种我执而断二种生死之此岸，度越至二种涅槃的彼岸。

"我"有两种。第一种是对于我们身体的执著，这个生命的我是五蕴构成的，就是一般人所讲的物质和精神，而生命就是我们起烦恼的根源，断除了我执，智慧才能出现，这叫"我空"，也叫"人无我"。第二种是不再害怕生死的现象，生与死，不论是可爱或可怕的，都要超越它，能出生死而不厌离生死，这叫"法空"，也叫"法无我"。

"生死"也有两种。第一种是分段生死，是一生一生地投胎出生，然后死亡，一段一段的生与死，这是普通的凡夫。第二种是已经到了初地以上的菩萨，菩萨有十波罗蜜，从初地至十地为止，由于他的功德每一地都在变，法身慧命不断在成长中，这叫变易生死，一直到成佛，变易生死也就结束了。

布施波罗蜜

"布施"是什么？在《阿含经》里有六度这个名称，也有六度修行的项目，但是到了大乘经典《般若经》及《大智度论》时，讲得更为详细。

一、经典中谈布施

以下介绍几部经典有关布施的记载。

1. 《大品般若经卷一·序品第一》云："菩萨摩诃萨，以不住法住般若波罗蜜中，以无所舍法，应具足檀那波罗蜜，施者受者及财物不可得故。"

2. 《大智度论卷一四》云：财施、法施、无畏施，以三施对治悭贪，除却贫穷。

3. 《大智度论卷三三》云：净施——不为世间名利福报，但为出世善根及涅槃之因。不净施——以妄心求福报、行布施。

4. 《菩萨善戒经卷一》云：笔施、墨施——用助人写经。经施——刊造经版。说法施——说法度众。

5. 《贤愚经诸经集卷四》云："施远来者，施远去者，施病瘦者，于饥饿时施于饮食，施知法人。"

6.《俱舍论卷一八》云：施客人，羁旅他乡；施旅行人；施病人；施看病者；施园林；施常食；随时施、随其所应而施衣食。

7.《俱舍论卷一八又》云：有漏世间法：随至施——随近已至，方能施与；怖畏施——遇到救灾厄，欲其静息而行布施；报恩施——昔得彼施，再还施彼；求报施——先施与人，再求返报；习先施——习于家族先人的家法而行惠施；希天施——希求生于彼天而行施；要名施——希美名而行布施。无漏世出世法：为庄严心施——为资助禅定瑜伽，为得涅槃上义而行布施。

二、有相布施、无相布施

开始修行，不论是自利或是利他，布施是最容易的，也最能让自己或他人立竿见影，感到欢喜。布施又分有相布施及无相布施，有相布施是有原因、有目的，可能为了还债、投资等种种理由，是以求自我利益而布施。譬如说我亏欠了某人，但是他不要我还或是报答，我只有拿一些钱或东西，送到教堂、寺院、慈善机构，这样的布施，是因为觉得欠了人家的情，想办法为他做一件好事，了去自己心中的牵挂。

曾经有一位演员，因为他的太太对他很好，问她需要什么东西来感谢回报她时，他太太却说："送我最好的东西，就是参加圣严师父的禅七。"这位演员真的来了。禅七结束后，我问他为什么来禅七，他说："还债的！"竟然也有这样的布施，但是这种布施也很好啊！

有相布施，第一种是希望得到社会大众给他一个好的名声；第二种是现在布施，希望在年纪大一点时，人家来回报他、感谢他；第三种是因为宗教信仰的缘故，希望在这一生布施之后，有财产存在天国里，等着去享受。

有相布施好不好呢？其实也不错，总比有些不布施的人，专门拿人家的东西变成自己的东西要好多了。

无相布施的意思，只是为了布施而布施，布施之后，还要做"三轮体空"的观想："没有东西可布施，没有接受布施的人，没有做布施功德的自我。"

布施与无相、无为相应，即为解脱道；布施与菩提心相应，即为菩萨道。布施行在自利来说，可增上自我的福德智慧；在利他来说，则是增上众生的福德智慧。因此，现代的人应当多行布施。

三、三种布施

布施有三个项目：

财施：用物质和金钱的布施。又可分为四种：金钱、物质、时间、知识。甚至还有身体的布施，例如把自己的皮肤移植给受伤的人，捐器官、捐血液给需要的患者。

法施：是用佛法来布施。"法"就是缘起法及因果法，这是佛法的根本。所谓"此有故彼有，此无故彼无"，知道缘起，懂得缘起，一个影响一个，这叫因缘法。种何因得何果，生死法是有漏因果，解脱法是无漏因果。

无畏施：使恐惧害怕的人，不再害怕。譬如说有人怕穷、怕死、怕犯罪、怕世界末日、怕地球毁灭。事实上，佛经里告诉我们，除了这个地球，还有无量的他方世界。因此，我常告诉别人，遇到困难时，要"面对它、接受它、处理它、放下它"，真的没有办法时就不管它，也没有什么好怕的了。

龙树菩萨在《大智度论》中说，布施是可以对治悭贪，除却贫穷的。当我们有布施心时，自然就会去努力耕耘、去生产、去成就。譬如大家没有水喝，你发心发愿去挖井，或到山里找泉水、找河流，结果给人家愈多，自己得到的也愈多。

持戒波罗蜜

"戒"在佛教来说，基本的有五项，称为五戒，如果不能全部受持，受持三条四条也是可以的，愿意受多少就算多少，这是和其他宗教不同的地方。受戒时有个"戒体"，戒体是特殊的名词，为什么菩萨戒可以一受永受，而声闻戒只能一生受，这是因为戒体观念的不同。

《大品般若经卷一·序品第一》云："菩萨摩诃萨……罪不罪不可得故，应具足尸罗波罗蜜。"在《璎珞》、《华严》、《文殊》、《梵网》诸经及《智论》、《唯识》、《瑜伽》诸论中，均提到声闻四品戒及菩萨二品戒。

一、声闻戒

声闻戒属于色法，小乘有部宗认为，色法即是在受戒时，身、口二业有发显之表色，以及依四大而生，以身、口为缘，有防非止恶功能的，名为无作色、无表色。色法是物质的，当物质的身体死亡或消失，即使不舍戒，戒自然不存在，戒体也就没有了。

声闻戒有在家戒及出家戒，共有四种戒品。在家的五戒与八戒，出家的十戒与具足戒。在家戒又叫世间戒，重于身、口二业的现行，《增壹阿含经卷二十·声闻品之一》云，五戒得分分受，萨婆多部则不许分受五戒，《成实论》及《大智度论》许可随分多少受，八戒则须全部受。

出家戒又叫出世间戒，身、口、意三业并重，必须要全部受。

有一次，我在东初禅寺看到目前旅居法国的越南籍禅师一行禅师的徒弟们，彼此见了面会互相拥抱，我问他："出家人可以互相拥抱吗？"一行禅师回答说："我们出家人之间，只有同性可以拥抱，异性是不能拥抱的。"我问他为什么一定要拥抱呢？他说："这是表示亲切、安慰的意思。"而且在欧美的社交礼仪中，也是一件极普通的事，所以当一行禅师要离开时，我也拥抱了他一下，他很开心地笑了起来。

事实上，照出家的比丘及比丘尼戒来说，不论同性或异性之间，都是不可以拥抱的，可是在西方社会中，大家都习惯以拥抱来表示亲切，所以一行禅师还是有道理的。至于我在我们的僧团，因为都是中国人，倒没有这个必要，否则会让持戒者批评我们。

二、菩萨戒

菩萨戒是属于心法，《大乘唯识论》便指出，受戒时，有发动思之心所，此心所之种子相续，而有防非止恶的功能，为依于受戒时之表色作用而起之功能，故附于色之名，实为心法。心法直至成佛为止，都是存在的，它可以此生受了下一生再来受，或是这一生受了，觉得心已经不再坚固精进，可以增上受戒，使得心能够再次熏习。

　　菩萨戒有十善戒及三聚净戒的二种戒品。《大智度论》以十善戒为总相戒，其余一切戒为别相戒。而三聚净戒又分在家及出家两种，是随持声闻戒而发大菩提心，那就是：摄律仪戒——大小乘一切律仪；摄善法戒——大小乘一切法门，如三十七道品、四摄、六度；摄众生戒——以佛法饶益一切有情。三聚净戒能对治恶业，清净身心。

　　声闻戒是以出离心为主，断除欲望而出三界；菩萨戒则是以出离心为基础，以菩提心为根本。在家与出家的出离心是不一样的，在家的出离心，指的是虽然有眷属、有财产、有事业，但是在拥有的当下要观空；观空就是知道一切均为因缘所生，并非是究竟的、永恒的、不变的，用这些暂时所拥有的资源来利益众生，不占为己有。因此，在家居士的出离心跟菩提心是相应心，没有出离心，菩提心发不起来。

　　菩萨戒是以利益他人来作为利益自己的方法。我们每个人都是很自私的，所谓"人不为己，天诛地灭"，如果你能从照顾自己的家属开始，扩及环境里所有的人，用一切的资源来利益他们，就一定能受到他们的欢迎、拥护、回馈，如此才是真正的自利利他，而且是一本万利。

忍辱波罗蜜

"忍辱"在《大般若经》中叫作安忍，是安于忍耐。《大品般若经卷一·序品第　》云："菩萨摩诃萨……心不动故，应具足羼提波罗蜜。"如何对治嗔恚，使心安住，亦名忍辱度无极。

一、三种忍

《解深密经卷四》及《成唯识论卷九》，无性的《摄大乘论释卷七》，提到修三种忍：

耐怨害忍：是以无嗔为性，对怨家及伤害我们的人修忍辱行。是让自己和对方不受伤害，即使受到伤害，也不去反击，而是利用这个机会好好修行。这样看起来似乎自己是吃亏了，事实上，只要"留得青山在，不怕没柴烧"，前面还是有路可走的。这是成熟诸有情之转因。

安受苦忍：是以精进为性，对一切苦楚困境修忍辱行。这不只是对人，而是对各种各样苦难的情况，例如大风、大雨，大寒、大热等，有的是天灾，有的是人祸，还有身体四大不调，处于诸多痛苦的情况下而修忍辱行。这是菩萨成佛之因。

谛察法忍：是以慧为性，能审谛观察诸法，三性三无性。一切现象都是无自性，都是空，所有的苦受、乐受，乃至不苦不乐的舍受，自性都是空的，这是法忍，也是前二忍的所依止处。

害忍、苦忍、法忍之中，第一种忍辱是比较容易的，修苦忍及法忍就困难多了。尤其法忍是最重要的，应该随时随地练习，并用它来对治前面两种忍的阻力。因此，在用功修行时，应先耐怨害忍，再观法的无常、无我、空。

或许有人要问，这个世界上的每一个人都是自私的，如果我们凡事都忍，忍到最后连自己都没有了，这还能修行吗？

在中国有一本书，叫《孙子兵法》，其中指出，最上乘的战争谋略，是不必打仗就能使得敌军投降。事实上，高明的武术家，通常是不跟敌人比拳头、比功夫，而是在受攻击时，能毫不费力地用四两拨千斤的方法，使得双方都不会因此而伤亡。而佛教的忍辱也是如此，面对问题处理时，不是用暴力，而是用智慧来处理，以慈悲来化解。

从原始佛教的《阿含经》到大乘的许多经典，处处提到忍辱行。所谓忍辱行，就是慈悲与智慧，是积极的，绝非束手就缚，消极地等待着被攻击。

《大智度论》中提到众生忍及无生法忍。众生忍是于一切的众生，以慈悲心，不起嗔恼，纵使受害，也能不嗔不加报复；而无生法忍是安任于诸法因缘生，自性本是空的法理。又分法忍及生忍，法忍是于非心法的自然现象、生理现象，不起心法的嗔恚、忧愁等烦恼；生忍则是于人对己之恭敬供养，不执著；他人对己之嗔骂、打害、不生瞋恨。而在《菩萨地持经》中的安苦忍法，即是生忍；思惟解忍，即是法忍。

二、经典中谈忍辱

以下介绍几部经典中有关忍辱的记载：

1. 《长阿含经卷二一・战斗品》云："我于尔时，修习忍辱，不行卒暴，常亦称赞能忍辱者。若有智之人，欲弘吾道者，当修忍默，勿怀忿诤。"

2. 《增壹阿含经卷四四・十不善品》云："忍辱为第一，佛说无为最。"

3. 《瑜伽师地论卷五七》："云何忍辱？谓由三种行相应知：一不忿怒、二不报怨、三不怀恶。"

4. 《摄大乘论卷二》："又能灭尽忿怒怨仇，及能善住自他安隐，故名为忍。"。

5. 《大乘庄严经论卷八》："一不报，二耐，三智，此三次第是三忍自性。不报者是他毁忍自性，耐者是安苦忍自性，智者是观法忍自性。"

在《优婆塞戒经卷七》，忍可分"世忍"及"出世忍"两类。"世忍"就是忍饥、忍渴、忍寒、忍热、忍苦、忍乐、忍劳、忍怨。而"出世忍"，是能忍信、戒、施、闻、智慧、正见无谬。修行佛法，一定要付出时间及努力，否则就得不到佛法的利益。因此，对佛法的修行，也是从忍开始，能忍难忍、能忍难施、能忍难作，能忍骂詈、能忍挝打、能忍恶口、能忍恶事。

事实上，在一切的学习过程中，不论是对家庭、事业、学问等，都是需要由忍来成就的。曾经有一个很胖的人来找我，他对自己的体重很苦恼，我劝他打坐、运动、慢跑。过了两个星期之后他来找我说："师父！我很累，我称了一下并没瘦多少，我想这跟运动、打坐是没有什么关系的，应该只要少吃一些就可以了，因为再这样下去，我快要忍不住了！"我说："我做和尚已有几十年了，我也觉得没多少进步，但是我还得继续做下去，所以我劝你还是忍耐一下，继续运动下去吧！"

没有忍耐心，做任何事情都不会成功的。释迦牟尼佛告诉我们："忍辱，是最大的财富，如果当时我不能忍耐的话，今天我也不会成佛了！"在所有的宗教里，唯有佛教徒与佛教徒之间，或佛教徒与其他宗教之间没有战争，原因即是能忍。

三、菩萨四法

《思益梵天所问经卷一》云，四忍就是菩萨四法：

得无生法忍：一切诸法，自性空寂，本来不生，菩萨证忍此法，则能出毁犯禁戒之罪。

得无灭忍：一切诸法，本为无生，故今亦无灭，菩萨证忍此法，则能出毁犯禁戒之罪。

得因缘忍：一切诸法，皆依因缘和合而生，无有自性，菩萨证忍此法，则能出毁犯禁戒之罪。

得无住忍：不住著于诸法，菩萨证忍此无住之法，则能超出毁犯禁戒之罪。

忍辱的柔和性，能克刚强性。

我曾经看过一本武侠小说，有一个武功高强的坏人，他的剑法凌厉，所向无敌，他很高傲地认为天下没有人可以打得过他。有一天他遇到一位和尚，这个和尚将他拦住，不让他过去，他看和尚什么武器也没带，于是将剑拔出，并且说道："你不让我过去，我的宝剑非得教你让我过去不可！"只见和尚将腰带一甩，柔软的腰带，竟将削铁如泥的宝剑缠住了，这就是柔能克刚的道理！

精进波罗蜜

精进波罗蜜又称精进度、进度、精进度无极，就是对治懈怠，生长善法，勇猛精进地修诸善法。"精进"就是身体勤劳、不懈怠。在《大品般若经卷一·序品》第一云："菩萨摩诃萨……身心精进，不懈怠故，应具足毗梨耶波罗蜜。"

释迦牟尼佛及弥勒佛同时发菩提心，但是弥勒佛在早期比较懈怠，因此，他要在释迦佛成佛之后的五十六亿万年，才能成佛。虽然成佛的早晚并无多大关系，可是成佛也因精进及懈怠，而有早有迟。

一、精进与发愿

精进是要发大愿的，如果不发愿，精进的心就提不起来。多半的人嘴上说着要努力，心里也是这么想着，但就是没有办法做得到。往往当身体稍微有些不舒服，或是疲倦时，马上会说："还是等我把身体养好了之后再努力吧！"如果是这个样子，我们随时可以借许多理由来说服自己不要精进。

有一个懒惰的人，他一年到头都希望读书，可是都读不了书。

在春天时，他说像这样春光明媚的好天气，不去玩多可惜；夏天到了，天气这么热，怎么读得下书；到了秋天，正该舒舒服服地享受这秋高气爽的好天气；冬天到时，又快过年了，读书还是等明年再说吧。这就是中国人说的："春天不是读书天，夏日炎炎正好眠，过了秋天冬又到，收拾收拾好过年！"

有了精进心的人，他的心理一定是健康的，即使身体有病，经常还是法喜充满；没有精进心的人，就算身体没病，他的心理却是有病的，因为他的烦恼一定很多。因此，精进对学佛的人来讲，是非常重要的，《大智度论卷八一》就提到身、心的精进：身精进——如法致财，而用于布施。心精进——断悭贪嗔恚等之恶心，而不使得入。

《大智度论卷一六》又有：身精进者，勤修布施、持戒、诵法言、修福德。心精进者，忍辱、禅定、智慧；自初发心乃至得无生法忍，舍肉身，证法性身乃至成佛。

精进者，当发菩提心，就是发的无上愿心，也就是说，必须要在多少时间内，完成一个目标。为了达成目标，就不要管自己的身体是否健康，是否有阻力，都一定要风雨无阻地做到。

目标有大有小，小的目标是每天要完成什么，大的目标是在一生之中要完成什么。最大的目标，则是在多生多劫的时间之内一定要成佛；或者并不一定要成佛，而是永远救度无量的众生。发了愿之后，自然就不会懈怠了。

一个人的体力和时间，是很有限的，能够发挥的力量却是无限的。这不是很奇怪吗？有限的小小身体，怎么会有无限的力量呢？这就是由于有了精进心之后，努力地去做，多努力就有多的成就，少努力就只有少的成就，不努力就不会有成就。这不是要跟别人比，而是尽自己的全力去努力。此时，你会惊奇地发现，怎么会在这么短的时间内，完成了这么多的事、做了这么多的服务工作？这都是靠精进力，而能以有限达成无限的功能。

我的弟子们，有人有时候很精进，有时候却很懈怠，当他们懈怠时，若分配较多的工作给他时，他会说：“师父啊！这个工作我是做不来的，不要给我好吗？”我说：“你要行菩萨道啊！”

他又回答说：“师父！地藏菩萨要度了最后一个众生之后再成佛，所以我还是先做众生，让菩萨们来度我好了，因为我发不了这么大的愿啊！”唉！这种人只能让别人照顾，自己又常常在自怨自艾中，实在是很可怜的，那就是因为精进心不够。

事实上，我们出家人应该是被甲精进、广修善法、利益众生的，能有机会将自己所修学的佛法，分享给所有的众生，应当感恩才对。

二、三种精进

《成唯识论卷九》，则列出三种精进：

被甲精进：披宝甲而不怖畏种种难行；难行能行，愿力无穷。像是身上穿了盔甲的人，万人无敌，在他的面前，是没有任何困难、任何恐惧的，只要勇猛地往前走。我遇过有些人，在我准备给他一个任务时，还没有开始做，已经在抱怨、叫苦了，真是没有出息！应该是在接了任务之后，也要准备接受任何困难，好好地学习，在学习中把问题解决，这对自己是一份成长，能这样想就是精进心。

摄善精进：勤修一切善法而永不疲倦，如同四弘誓愿所说：“法门无量誓愿学。”对修行四圣谛、八正道、三十七道品、六波罗蜜等所有的法门，全力以赴，永不疲倦。有些人学佛没有几天，就觉得自己还没有准备好，还是先暂停，等年老退休之后再来修行吧。

这就像是已经搭上了一班车，又认为这辆车子不是该我上的，还是等下一班再上吧！可是，下班车什么时候来？能不能搭上车？一点把握也没有。相反的，精进的人只要有任何一个修行因缘的车子在他面前，不论是用跑的、跟的、爬的，甚至几乎是跟不上，也紧抓着车尾不放向前冲。要有这样的精神，才能算是精进。

利乐精进：勤化众生永不疲倦，就是"众生无边誓愿度"。菩萨为了救度众生，可以上天堂、下地狱，不断地追着他。但是，度众生不是要去困扰他、占有他，也不是让他感到恐惧不方便，而是要使他成长。

三、六种精进

精进对一个修学佛法或是发了菩提心的人来说，是很重要的。在三十七道品中分成七个项目，每个项目都有精进。例如修习四念住，就是用四正勤来修，在《大乘庄严论卷八》中，有六种精进：

增减精进：未断之恶令断，已断之恶令不复起；未修之善令修，已修之善令增长。此四正勤，就是精进勤劳修习四种道法。

增上精进：由信、精进、念、定、慧等五根，解脱法由此增上。

舍障精进：由信、精进、念、定、慧等五力，所有的障碍由此不能碍。

入真精进：由择法、精进、喜、轻安、念、定、行舍等七觉支，由此建立见道。

转依精进：正见、正思惟、正语、正业、正命、正精进、正念、正定等八正道，由此修道而为究竟转依之因。

大利精进：六波罗蜜之自利利他。

《大智度论卷一六》云："是精进名心数法，勤行不住相，随心行共心生，或有觉有观，或无觉有观，或无觉无观，如阿毗昙法广说，于一切善法中勤修不懈，是名精进相。"又提到七个项目，其中第一项至第六项是自利内修的解脱道，第七项则为自利利他的菩萨道：

1. 于五根中，名精进根。

2. 根增长名精进力。

3. 心能开悟，名精进觉支，能到佛道涅槃城。

4. 八正道中，是名正精进。

5. 四念处中能勤系心，是精进分。

6. 四正勤是精进门；观四如意足（四神足——欲、勤、心、观中禅定修行）的欲精进，即是精进。

7. 六波罗蜜中的精进波罗蜜，亦是精进。

《大智度论卷一六》又云："为佛道精进，名为波罗蜜，诸余善法中精进，但名精进，不名波罗蜜。"又说："菩萨精进，不休不息，一心求佛道，如是行者，名为精进波罗蜜。"

四、经典中谈精进

以下介绍经典中有关精进的记载：

1. 《解深密经卷四》提到精进有三种：被甲精进、转生善法加行精进、饶益有情加行精进。

2. 《大乘阿毗达摩杂集论卷一二》将精进分为三种：被甲精进、

方便精进、饶益有情精进。

3. 梁译《摄大乘论卷二》中分为三种：勤勇精进、加行精进、不下难坏无足精进。

4.《大乘庄严经论卷八》分为五种：弘誓精进——欲发起行动；发行精进——现行诸善；无下精进——得大果，下体无故；不动精进——能不为寒热等苦动；无厌精进——不得少为足。

5. 旧译《华严经（六十华严）卷二四》的十种精进：不转精进、不舍精进、不染精进、不坏精进、不厌倦精进、广大精进、无边精进、猛利精进、无等等精进、救一切众生精进。

6.《瑜伽师地论卷四二·精进品》的九种精进：自性精进、一切精进、难行精进、一切门精进、善士精进、一切种精进、遂求精进、此世他世乐精进、清净精进。

禅定波罗蜜

《大品般若经卷一·序品》第一云："菩萨摩诃萨，以不住法住般若波罗蜜中……不乱不味故，应具足禅那波罗蜜。"禅那波罗蜜，亦名静虑度，或名禅度无极，能对治乱意，摄持内意。

一、四类禅

依据宗密的《禅源诸诠集都序》卷上之一，禅有五种层次：外道禅、凡夫禅、小乘禅、大乘禅，以及最上乘的如来禅：

外道禅：是带异计，欣上厌下而修者。

凡夫禅：四禅八定，从寻、伺、喜、乐而入定，再一层层舍下而求上，至最高无色定的非想非非想处为止。正信因果，亦以欣厌而修者。

小乘禅：是从四禅四无色定，而修七方便的五停心、别相念、总相念、暖、顶、忍、世第一法，亦名七贤位，由此而入初果见道位。是为悟我空偏真之理而修者。

大乘禅：亦名三昧；有无量三昧，均可能纳入大乘禅定。天台宗智者大师在《摩诃止观卷二》将它们汇整成四种：常坐三昧、常行三昧、半行半坐三昧、非行非坐三昧。是为悟我、法二空所显之真理而修者。

最上乘禅：又名如来禅、祖师禅，即是中国禅宗的顿悟法门，临济宗用参话头，曹洞宗用默照，都是属于如来上上禅法。亦名一行三昧、真如三昧，顿悟自心本来清净，此心即佛。

二、四禅天

"四禅天"是由修静虑而生。以下介绍四种禅天的层次：

初禅天：于六识之中，无鼻、舌二识，语言寂灭。仅有眼、耳、身、意四识，有喜受、乐受，有觉有观。舍此身后，生于梵众天、梵辅天、大梵天。

二禅天：无鼻、舌、眼、耳、身等五识，仅有意识，怡悦之相粗大。喜受及舍受与意识相应，无觉无观。舍此身后，生于少光天、无量光天、极光净（光音）天。

三禅天：仅有意识，怡悦之相净妙，喜心寂灭。乐受、舍受与意识相应，无觉无观。舍此身后，生于少净天、无量净天、遍净天。

四禅天：仅有意识，出入息寂灭，唯舍受与之相应。舍此身后，生于无云天、福生天、广果天、无烦天、无热天、善见天、善现天、色究竟天、无想天。

三、四种禅定

"四禅定"又名四静虑，为内外道共修，超欲界，生色界，四禅是由十八种功德支持，总体称为"四禅十八支"。

初禅的前行有：

粗住：安住、端身、摄心，气息调和，觉此心路，泯泯澄净，怗怗稳稳，其心在缘居，然不驰散。

细住：由此粗住心后，怗怗胜前。

欲界定：由细住后一两日或一两月，豁尔心地做一分开明，我身如云如影，爽爽空净，虽空净犹见身心之相，未有内定之功德。

未到定：从欲界定之心后，泯然一转，不见欲界定中之身、首、衣服、床铺，犹如虚空，此时性障犹在，未入初禅。

四、四种禅定特相

四种禅定之特相如下：

初禅特相：由未到定，身心豁虚空寂，内不见身，外不见物。如是或经一日乃至一月一年，定心不坏，则于此定中，即觉自心微微动摇，或感微痒。即发动色界之四大极微与欲界之四大极微转换，而起八触十功德。

八触者，即为动、痒、轻、重、冷、暖、涩、滑。欲得禅定时，色界极微入于欲界极微，而相替，地水火风狂乱而如此发动也，若不知此等法相之人，骤起惊怖，以为发病，驰回不已，遂乱血道，真为狂气矣，不可不知也。

十功德者，八触的每一触，均具十功德，亦名十眷属；即是与空、明、定、智、善心、柔软、喜、乐、解脱、境界等相应。

《显扬圣教论卷一九》云：初禅可对治贪、苦、忧、犯戒、散乱等五障，远离欲爱，心能寂静审虑，住于有寻、伺、喜、乐之情态。

初禅具五支为：觉（寻）、观（伺）、喜（离欲界恶，心喜受）、乐（经部为眼、耳、身之三识的乐受，有部不许定中有眼、耳、身之三识，仅有意识，故为轻安乐，非乐受也）、一心（心一境，离欲界而生色界的离生喜乐地）。《大乘阿毗达摩杂集论》云：五支中的寻及伺为对治支，喜及乐为利益支，心一境为自性支。

二禅特相：呵弃初禅之觉、观（寻、伺），二禅、三禅、四禅无八触十功德，已转欲界为色界。二禅离寻、伺，住于信相明净喜乐之情态，可对治初禅之贪、寻伺、苦、掉、定下劣性等五障。

二禅具四支为：内净（《俱舍论》以为五根中之信根，深信受胜实之功也，净为信相，故曰净；属心，故曰内）；喜；乐（意识功能，是轻安乐，非乐受）；一心（定，此为色界的定生喜乐地）。在此四支中的内净为对治支，喜与乐为利益支，心一境为自性支。

三禅特相：呵弃二禅之喜受而得。三禅离喜、乐，具正念、正知，住于自地之妙乐。可对治二禅之贪、喜、踊跃、定下劣性等四障。

三禅具五支为：舍（行舍之心所而非舍受，舍前之轻安，住不苦不乐）；念（三禅之乐极胜，为不染著，故要正念，离邪念之心所）；慧（三禅之乐极胜，为不染著，故要正慧，离邪慧恶见之心所）；乐（意识之乐，离二禅之喜乐，尚有自地之喜乐）；一心（寂然在定，心一境性，此为色界的离喜妙乐地）。在此五支之中的舍、正念、正知（慧）三支为对治支，乐为利益支，一心为自性支。

四禅特相：呵弃三禅之乐受而得。四禅脱离身心之乐，住于不苦不乐，名为极善清净。可对治入出息以及三禅之贪、乐、乐作意、定下劣性等五障。

四禅具四支为：非苦非乐（中受，非为五受中的舍受），行舍（舍第三禅之喜乐，非忧悔也，住平等心所，非苦非乐），念（念下地之过，自己之功德长养之，念清净即为舍念极善清净），一心（心一境性，犹如钟，犹如清水，此为色界的舍念清净地）。在此四支中的舍清净及念清净为对治支，不苦不乐受为利益支，一心为自性支。

初、二、三禅为有动定，尚有寻、伺、苦、乐、忧、喜、入息、出息等八灾患故；四禅为不动定，非为八灾患所动故。

世间四禅定亦为修出世禅的共道：

1. 四禅定为四无量心之依地，喜无量心，为喜受摄，故依初、二静虑；余三慈悲舍的无量心，总依六地，离嗔害等四障。

2. 四禅定为八解脱之依地，八解脱、八胜处、十一切处的三法，为远离三界贪爱之出世间禅。八解脱的初、二解脱，依初、二静虑及未至与中间；第三净解脱，依第四静虑；此外的五解脱依四无色定及灭受想定。

3. 四禅定为八胜处之依地，初四胜处依初、二静虑，后四胜处依第四静虑。八解脱为十一切处（十遍处）之依地，即是地、水、火、风、空、识之六大，青、黄、赤、白之四显色；前八项为八解脱中的第三净解脱，以无贪为体。依第四静虑可缘欲界之假四大及四境之色；后二者顺次以无色界之空无边及识无边为自性，以各别自地的四蕴为境。

五、四空处定

"四空定"又名四无色定。此四空处，于五蕴中无依报之色蕴国土，唯正报之受、想、行、识四蕴的假合而无色身，唯依不相应法的命根、众同分之相续。下面说明四种无色界的四空处定：

空无边处定：厌离第四禅的染法，舍色想而缘无边之空处，心与空无边相应。

识无边处定：厌离空无边处之染法，舍其虚空，缘内识，心识无边，心与识无边相应。

无所有处定：厌离其识，更观心识无所有，心与无所有相应。

非想非非想处定：前之第二识处是有想，第三无所有处是无想。至此第四，舍前之有想故名非想，舍前之无想，故名非非想。又因其已无粗想故曰非想，非无细想故曰非非想。行者于此定中，如痴、如醉、如眠、如暗，无所爱乐，泯然寂绝，清净无为。

六、三等至

世出世间共有"三等至"，亦名三禅定：

味等至：又名味定。与爱相应，爱与定相似，定者于所缘境流注相续，味著其境，故名味等至。乃是有漏的世间定。

净等至：又名净定。与无贪等之白净法相应，起有漏世间之诸禅定。此善之有漏定、有垢、有浊、有毒、有刺；虽然有漏有过失，却有少分之净。此与烦恼相违，引发无漏之胜义、顺于圣道，为无漏之眷属故。

无漏等至：又名无漏定。是出世间定，不缘爱，无味著，是最高极妙的善定。得此定已，则心不动不散，能起无漏真正之智力。

四禅四空为八等至。以此三等至配八等至，前七等至，皆可有此三等至，唯第八等至（非想非非想处）由于昧劣，不起无漏等至，仅有味等至、净等至。

七、三三摩地

禅定又名"等持",亦称三摩地,有两大类:

(一)以寻伺相配而言:

1. 有寻有伺三摩地,初静虑及未至定所摄。

2. 唯寻无伺三摩地,中间静虑摄。

3. 无寻无伺三摩地,第二静虑之近分定。以上诸定至非想非非想处定摄。

(二)以等持相应具起之行相而言,即为三三摩地,亦名三解脱门:

1. 空三摩地,与四谛、十六行相(八忍八智)中之苦谛下的空行相及非我行相,相应之等持。以空行相,空我所见;以非我行相,空我见。对治有身见者。

2. 无相三摩地,与灭谛下之灭行相、静行相、妙行相、离行相,相应之等持,即缘灭谛涅槃之法;涅槃者,无十相故。无十相即为无色、声、香、味、触之五境;无男、女之二相;无生、异、灭之三有相,故名无相。

3. 无愿三摩地,与集谛下之因、集、生、缘之四行相,道谛下之道、如、行、出之四相,苦谛下之非常、苦之二相,相应之等持。

八、禅定与七加行位

禅定与"七加行位"之关系:三贤、四善根,合为七加行,又名七方便,修此而发无漏智。因定起智,以智断惑,以无漏智证得圣果。但在到达圣果之前,必须有漏之方便道。修道之前,以智断惑，以无漏智证得圣果。先要身器清净：

（一）身心远离：身离恶友，心离不善寻伺。

（二）喜足少欲：饮食、衣服、喜足、少欲、无贪。

（三）住四圣种：1. 衣服喜足圣种，2. 饮食喜足圣种，3. 卧具喜足圣种，4. 乐断烦恼、乐修圣道圣种。前三项为助道之生具（止贪），第四项为助道之事业（灭贪）。

三贤位为外凡，四善根为内凡。外凡位为散善，唯在欲界；内凡位为定善，必起色界之定。三恶趣无般若，欲界诸天不知厌苦，不属外凡三贤位。无色定不为见道所依，故亦不顺内凡四善根位。色界定之中，上三近分定，亦非见道所依，不顺四善根。四根本定的四静虑、未至定与中间定，合为六地，为四善根所依。无漏道的前方便，须以欲界身修，见道亦修欲界身。若无欲界身，不知厌苦（非生理心理之痛苦，乃不满足现实的生存状态），以有欲界身，厌苦心强烈，向上心亦强烈，故易为道器。

（一）三贤外凡位

何谓"三贤外凡位"：

1. 五停心是修止（奢摩地），以不净观，对治贪婪心；慈悲观，对治嗔恚心；缘起观又名十二因缘观，对治愚痴心；界分别观，观身心为六大和合，对治我执之见；数息观，对治散乱心。

2. 四念住又名四念处，其有别相及总相，别相念住是修观（毗婆舍那）。四念住以空慧为体，能以慧力使念住于所观之处。顺着四念住，对治四颠倒见之方法有：观身不净、观受是苦、观心无常、观法无我。又分有自相别观及共相别观的两种：

（1）自相别观者，观身、受、心、法的各各自性。身之自性是四大种与四大所造色；受之自性是领纳违、顺、俱非之境的心所；心之自性是由六识心王集起者；法之自性是除了身、受、心之外，基于其他诸法所行之方法。

（2）共相别观者，观身、受、心、法之共相，其各各皆为观非常、苦、空、非我之方法。观身是有为法，一切有为法皆是非常的；一切有漏法都是苦的；一切法同为空的，又是非我的。观心、观受、观法，亦皆相同。

3. 四念住的总相念住，也是修观。以自相及共相观之，又有杂缘及不杂缘之分。杂缘是"法"念住，须杂身等念住来观。不杂缘是身、受、心之三念住，不须杂缘其他念住而观。换言之，法念住是杂缘，身、受、心的三念住是不杂他缘即可观的。总相念住，是从杂缘身、受、心、法，进一步，总缘此四境，是非常、苦、空、非我的观位。乃为四谛观之初门，仅修四行相，不过是观苦谛之一境而已。

（二）四善根内凡位

何谓"四善根内凡位"：

1. 暖法：修了总相念住后所生之善根。有下、中、上的三品，皆具观苦、集等四圣谛，修苦、空等十六行相"八忍八智"之位。入此位者，纵然退堕所得暖法，断善造无间业，堕于恶道，流转生死，不久之后，必到涅槃，已得圣火将生之前相故。

2. 顶法：是暖法上品后念所生之善根。亦有下、中、上三品，皆具观四谛修十六行相。譬如上到山顶，乃进退之中间，或进而上忍位，或退而下于暖位，位至忍法已上，便无退法。

3. 忍法：生于顶法上品之后念。亦有下、中、上三品，忍可决定四圣谛，为最胜之位。（1）下忍，具观四谛行十六行相如前，则无毕竟堕于三恶道者。（2）中忍，由是渐灭所缘之谛灭能缘之行相，谓之灭缘灭行，仅留欲界苦谛下之一行相。（3）上忍，观前所余苦谛下苦之一行相，故此上忍位仅为一刹那间。

4. 世第一法：生于上忍后念之善根，仅为一刹那间，故无下、中、上三品，与上忍位同，观苦谛苦之一行相，世间有漏法中无超于此观智者，故名世第一法。此位仅是一刹那的无间位，必生无漏智，入于见道位，离凡夫位而入圣位。

（三）见道位

《俱舍论》是十六心相见道，《成唯识论》则是三心相见道：

1. 观生空而起断粗大烦恼障之智。

2. 观法空而起断所知障之智。

3. 合观二空而起合观微细二障之智。

六度中的禅波罗蜜，本为大乘禅法，本文为了探其渊源，故将凡夫禅及小乘禅，一并介绍如前。至于大乘禅及如来祖师禅，内容深广，宜有专书讨论，本文暂不涉略。

般若波罗蜜

所有一切世间的十善业道、四禅、四无量心、四无色定、五神通等，都是由般若波罗蜜而出来的。由于般若波罗蜜的指导，才能使我们离苦得乐。

般若，就是要我们看一切事、一切物，当下就知道它是会变的，不是永恒的，随时要用无常、空、无我的观点来看一切。般若波罗蜜，也就是无相、无我，以及禅宗讲的无念、无心。这是从基本的观法无我、观行无常而来，知道任何的现象都是因缘和合、因果串连而成，如果能用这种观念，这种般若的眼睛来看世界的人与事，就可对治自己的烦恼，同时也能帮助众生离苦得乐，这就是慈悲了。因此，慈悲与智慧，必定是相连、相应的。

《大品般若经卷一·序品第一》云："于一切法不著故，应具足般若波罗蜜。"观一切法悉皆如，具证生空法空之无分别慧。

《大般若经卷一七二·初分赞般若品第三二之一》又云："舍利子，一切菩萨摩诃萨、独觉、阿罗汉、不还、一来、预流等，皆由般若波罗蜜多得出现故。舍利子，一切世间十善业道、四静虑、四无量、四无色定、五神通，皆由般若波罗蜜多得出现故。舍利子，一切布施、净戒、安忍、精进、静虑、般若波罗蜜多，皆由般若波罗蜜多故……一切佛十力、四无所畏、四无碍解、大慈、大悲、大喜、大舍、十八佛不共法，皆由般若波罗蜜多出现故。”

又说：“如是布施、净戒、安忍、精进，静虑波罗蜜多，由此般若波罗蜜多所摄受故，名有目者。复由般若波罗蜜多之所摄受故，布施等一切皆得到彼岸名……非由布施……净戒……安忍……精进……静虑波罗蜜多所摄受故，余五方得到彼岸名。但由般若波罗蜜多所摄受故，余五方得到彼岸名，所以者何？诸菩萨摩诃萨要住般若波罗蜜多，方能圆满布施、净戒、安忍、精进、静虑般若波罗蜜多，非住余五能成是事。是故般若波罗蜜多，于前五种，为最为胜，为尊为高，为妙为微妙，为上为无上，无等无等等。”

由以上经文中得知，前面所讲的五种波罗蜜，都是由般若波罗蜜所摄受。没有般若，即使修行布施、持戒、安忍、精进、禅定，也只是修世间有漏善法，而非无漏解脱的佛法，无法从生死的此岸，到达涅槃的彼岸。因此，观念的指导以及认识的分别，必定要靠般若智慧；般若波罗蜜，等于是六波罗蜜之中的指南针。

结　论

六波罗蜜是菩萨道，菩萨道是庄严佛道的，用什么来庄严佛道呢？就是用福用慧，福慧圆满，就是佛果的圆满。

《解深密经》卷四中提到，六波罗蜜可分为两类：

1. 前三度为饶益有情类：由布施故，有情摄受资具；由持戒故，不行损害逼恼有情；由忍辱故，能忍彼之损害逼恼利益有情。

2. 后三度为对治烦恼：由精进故，未断之一切烦恼永伏，虽未断一切随眠，却能勇猛修诸善品，不为烦恼所动；由静虑故，永伏烦恼；由般若故，永害随眠。

《解深密经》卷四又说，六波罗蜜为三学所摄：施、戒、忍的三度，是增上戒学；禅是增上心学；般若是增上慧学；精进则通于以上三学。《菩萨地持经》卷十说，精进亦是增上戒学摄。由以上的经典得知，六波罗蜜就是福德资粮，以及智慧资粮之根本。

1998 年 6 月 7、14、21 日，圣严法师讲于纽约东初禅寺，姚世庄居士整理

3. 四弘誓愿讲记

四弘誓愿

众生无边誓愿度
烦恼无尽誓愿断
法门无量誓愿学
佛道无上誓愿成

前　言

在禅七或在日常课诵中，都会唱诵四弘誓愿。我在授三皈依时，也会教人念它。因为四弘誓愿是初发心菩萨的必要条件。发心成佛，得经过菩萨的阶段，发菩萨心，即是发菩萨愿，所以，发菩提心就是发行菩萨道的愿心。

愿有通愿和别愿，一切诸佛都须发的愿，是通愿，即四弘誓愿。四弘誓愿的出典，主要出自《菩萨璎珞本业经》，教导一切学佛的人，要发心成为菩萨。如果不先成为菩萨，要成佛是不可能的，这是大乘佛教的特色。

四弘誓愿，是四个成佛的基本条件，学佛，必定要度众生、断烦恼、学法门。前三句如鼎之三足，缺一不可，其中任何一句圆满，则四句皆圆满。

众生无边誓愿度

"度"是通过的意思，从这边到那边，其中间的过程已完成者，称为"度"；过程未完成，是正在"度"。度的型态有不同的层次，有人资金不足，每天为赶银行的三点半（台湾银行打烊时间，资金吃紧的人常到了三点半筹到钱存入银行），向朋友告急，以度难关；有人赶办急事，向人借贷凑足车资以应急，这也是度。

在我们的日常生活中，不论感觉时间如迅雷般一晃即过，或感觉日子难撑难挨，或在医师回春妙手下始恢复健康、舒适的日子，或迷迷糊糊的日子，都是在"度"日；从这一行业换那一行业，从这一层次到那一层次，也是度。"度"的根本意义是超越苦海，故称"超度"。

一、修学佛法，广度有缘

"众生无边誓愿度"的众生，包括一切有情众生。佛法的出现，世尊的教化，是为度人，也度饿鬼、度天神、度畜生。而一切众生之中，唯人类是修学佛法的根器，一切有情皆入人道，才能修成佛道，所以，佛法是为人而设，人修持佛法以后，以佛法的救济，利益其他的众生。

但是听佛法知佛理的人，未必即能得度。譬如高压电线上的白瓷绝缘体，最靠近高压电的，但是不导电。不得度者即是无缘人，如绝缘体与电不相通。有人常说："我和你有缘"，这种缘是见面之缘，认识了，但不发生强烈的感应；又像白布浸染料，一染即着，是有缘，如果染上又褪色了，是缘不深。

佛度的是有缘人，了解佛法且实际修持，是发自内心需要佛法，追求佛法如饥如渴，如久旱望云霓，如黑暗盼光明，如幼儿忆母亲一般，有强烈的信心去追求，像海绵遇水一般，才是真正有缘，反之，则无缘。

要度的，既是有缘人，有缘人中，最难度的，莫过于自己的亲眷、师长。不易度时，也不要轻言放弃，须从人最渴望的关怀、爱护、同情、尊重等着手。《维摩诘所说经》卷中《佛道品第八》中有句话说："先以欲钩牵，后令入佛道。"要想使对方成为佛教徒，修行佛法而开悟解脱，得先由满足其欲望开始，从爱语出发，用鼓励、慰勉或赞叹的话，使他高兴、舒服；在精神上给予爱，在物质上给予方便，渐渐地，他便会对你有安全感而信赖你。

对于刚开始学佛的人，多从物质的嘉惠开始，在佛经里就有许多这类的故事。释迦牟尼佛成佛前，修行菩萨道时，多生累劫的事迹，集合成的《本生经》中，便有一个例子：曾经，某地发生了大饥荒，释迦牟尼佛化身为一座肉山，有个人正在山里找食物，无意间，试尝地面，发现是可以吃的东西，奔下山告诉村人，召集许多饥饿的人来，使当地许多人免于饿死，度过难关。这些吃过肉山的人便与释迦牟尼佛结了缘，他们先后也成为佛的弟子。

我在日本留学期间，有一真言宗的信徒，经营一家有数万员工的大公司，他信佛拜佛，不但在公司供佛像，也经常举办与佛教有关的演讲，但并不要求员工也要信佛，因此深得人心，员工都以与社长有相同的宗教信仰为荣。这位社长的经营观念是：公司的财产、利益是属于每位员工的，不完全是他个人所有，每位员工都是股东；因此，他能给予许多人充分的物质，也在精神方面提供许多利益。

也许有人会认为万一自己已尽力去做，仍然得不到对方的信任，不肯信佛，不肯皈依三宝，岂非白费？须知，我们这一生的时间，只是有限的一小段，生命是从过去生到今生乃至未来生，源远流长的，问题的症结，不是短时间便可解决的。

常言道："不是冤家不聚头。"没有恩怨不成眷属。有大福报的人，是从过去无量世以来修成的，所以有所谓神仙眷属、孝子贤孙，否则一般人要常保称心如意并不容易。因此，对于不愿信佛学法的亲人朋友，即使付出一生的时间和耐心给予照顾、关心，也是修福。渐渐地，到他虽未完全接纳，但也不再排斥的时候，便已种了度化他的因了。

有弟子问我："师父，福报和人的心量有没有关系？"

我回答他："有大关系，福报是从心量开始的，心量大，福报大。所谓心量大，就是自己拥有的东西，拿得出来，舍得分给他人。"

我又讲了一个譬喻，如牛踩泥地，足迹凹陷处，滞雨水有限，如果挖一脸盆大的洞，蓄的雨水较多，再挖成池塘，存水更多；挖得愈大，乃至成湖，湖通江，江出海，四海皆通，水则不虞用尽。这个例子说明帮助人愈多，付出愈多时，会觉得永远不够，自己的能力需要更强，付出的多，得到的也多，所以更需要修持佛法以度有缘的人。

修行佛法，如果是个人自修，只要就一个法门努力修持即可，便是一门深入。可是，要度众生就不是这样，不同的众生，得用不同的方法以适应他们。因此，众生愈多，需要的佛法便愈多。

自修的人，如果自觉满足，很少有再求上进的心。唯有和其他人接触，面对各种不同程度、不同身份的人时，便会发觉自己修行的工夫不够、深度不够、福报不够、智慧不够；因此，渴望再努力吸收佛法，像一块小海绵变成大海绵，甚至像一个无限大的海绵一般，可能吸尽所有海水，学尽一切佛法，有这样的体验，便是和佛法有缘的有缘人。这种缘，不是一条垂直线，是纵横交错的、四面八方的缘，因此，度的众生也多。

所以，菩萨经过无量劫，仍在度有缘众生。初地以上的菩萨，遍一切处，众生有少许缘，便立即与其感应；我曾说过，学佛的人要花时间训练自己像磁铁一样，吸引众生都成有缘人，再接触、熏陶他，自然而然对方便会接纳佛法。

二、借光又发光，普照一切

有人曾问我说："一个人的体力、智慧力、财力，都是有限的，而众生无边，怎么可能度尽呢？"这不用担心，从初发心到成佛，称为三祇百劫，度众生是在这段时间，并非在短短一生中就要度尽众生。自己力量有限，度有限的众生，力量愈大，度的众生愈多、范围愈广。因此，为广度众生，便需要修行。譬如电瓶充满电，才能发光，又如太阳能电池借太阳光充电发光；修行，就好像是充电，用佛法充电，既借光又发光。

不过凡夫度众生有限，八地以上的菩萨，则能于同一时间分千百亿身，度千百亿人，权巧方便，或用物质施予，或以精神救济。

有人问我："已经有许多佛成佛，为什么还有那么多的人没有被度呢？"我说，佛法如阳光，太阳升起，普照大地万物；有的直接承受阳光，有的间接吸收热气，即使是长年在海中、地下的生物，也间接因有阳光的存在而生存。

释迦牟尼佛修行三大阿僧祇劫的菩萨道，以身心帮助众生，以言行教化众生，如阳光一般普照于一切众生。又如稻米，经由栽种的人、贩米的人、发明割稻机的人、改良品种的人、制造工具的人、改良肥料的人及延续稻种的人等过程，已有许多人和我们产生关系，不论直接或间接，这种关系一直延续着。

所以，佛菩萨从无量劫以来，对于已度、应度、未度的众生，或在物质上，或在精神上，皆已种了得度的因缘，并且已经直接或间接度了一切众生。

禅的最高目的是"无我"，禅的修行是无上法门，是究竟的上乘法，上乘法必定是菩萨道、佛道。仅为自己的生活饮食温饱而忙碌者，是下等人；仅为自己身心得安乐自在者，是中等人；无相无我者，是上等人。所以未发度众生愿，仅为自己出离苦难才修行，至多是中等人，只能成为阿罗汉，不能成为菩萨、佛。

释迦牟尼佛成佛之前的最后一生，就是因为看到众生有生老病死苦及各种灾难，为了解救在苦难中的众生，所以舍身发愿出家修行，寻求方法救济众生，最后究竟成佛。

我们在还未修行前就要发愿，为家中、工作环境中，乃至社会中的每一个人的处境、利益着想，这种不为自己、舍我的精神，便是度众生的态度。用这种舍我的观念修行禅法，不仅可得到身心安定的利益，也可能得到彻悟的境界。

因此，发"四弘誓愿"，舍我度众，是学佛者的基本教育，也是修禅者的基本条件。

烦恼无尽誓愿断

一般人口头上会说"我有烦恼",但是对烦恼的意义、种类及烦恼的层次,多半不甚明了。要经过修行,而且是努力修行之后,才会知道烦恼是什么,才知道烦恼的可怕。

烦恼有向上心的烦恼和向下心的烦恼。普通未修行的人感觉不到向上心的烦恼。通常,我讲述的烦恼,多指向下心的烦恼。

一、向下心的烦恼

向下心的烦恼,由内而外分四个层次:

(一)内心的冲突和矛盾

人的生命过程中,常会遇到内心的十字路口。例如面对当前的数个好机会,必须做如何抉择的困惑;关键的抉择,往往影响一个人的一生,也许在考试方面,也许在婚姻、事业、做学问、交朋友方面,这是在选择上的矛盾。

也有内心前后念的矛盾。譬如想改变不久前的决定,却又决定不下是否要改变;又譬如既不想出家,对结婚又持保留态度,看到周边亲朋好友各自成家且儿女成群的情景,内心产生矛盾。

内心发生矛盾或冲突，必然是有两个主观的想法存在，而且必是关系到自身的问题。既然不是客观的，在处理事情时，前念和后念，经常是对立的，所以会发生感情和理智的冲突。在我们的一生中，这类问题常会出现。

（二）身、心的冲突和矛盾

身和心冲突，其症结在于心；所谓身不由己，当心不能指挥身体时，就会产生烦恼；同样的，当心理有问题而起矛盾时，身体也会有问题。

但是，心也能克服身体的障碍。例如本来是一纤弱女子，嫁为人妇之后，因种种变故而必须独力撑持家庭、抚育子女，在长年累月中，即使病痛不堪，仍然心系儿女而能咬紧牙根地操持家务，这样坚强的母亲，在现实生活中，也多可见到。

因此，身、心发生冲突时，必须先调心。人既食五谷，总有身体不适的时候，用心调身，烦恼或病痛便会减少许多。假使放不下自己的身体又放不下心，多会产生怨怼、迁怒的情绪；如此身、心若有冲突，必定是常在苦不堪言的情况中。

（三）我与人的冲突

人从出生以后，便和周围的人息息相关。因此很多小孩为争取父母的关怀，便想：只要晚上不盖棉被睡觉，就会生病、感冒，每次生病，父母便会留下来陪他而且对他特别照顾。这是他本身有烦恼，借着负面的行为，吸引父母注意，希望父母给予更多的爱，以满足自己的要求，或展现自己的长处等。长大后这种烦恼，如果没有化解，便很容易导致行为偏差，造成家庭社会的困扰。

这就是把别人当成对立的对象，造成自己和他人之间的冲突和矛盾。

（四）人与自然环境的冲突和矛盾

我曾经问一位到台湾来的美国人，台湾的气候如何，他说："还好，不过，身上黏得难过。"因为台湾的夏季潮湿，若出汗，便觉得身体黏腻不舒爽。我又问一位从台湾到美国的先生，是否习惯纽约的天气，感受如何？他说："不错，可是，我感觉身上很痒。"因为冬季的纽约天气干燥，以致对还未适应的人会有皮肤过敏的现象。

这是对陌生的环境有不适应的烦恼。天气太冷或太热，令人难过，气候温和，使人舒适；但是对患有思乡病的人而言，不论如何，旅居异乡总不是滋味。常言道："甜的是故乡水，圆的是故乡月。"自然环境的变化固然会影响人，但是烦恼多是从内心产生的。

二、修行佛法过程中的烦恼

从生死阶段到出离生死，能达成自主生死或不生不死的目标，需要修行。开始修行，都是在人间，不能脱离人的立场，但是在修行学佛的过程中，会产生另一类烦恼，这就是向上心的烦恼，大致可分三个层次：

（一）修人天善法的烦恼

这是从未修行的阶段，渐入修行期间，生起的种种疑难。首先，我们要有基本的认识，凡是有心可用，无不是烦恼；既然是在追求着什么，不论追求的是什么，那个追求的心，就是烦恼心。

诸位来听我演讲，可能希望从中得到些许启示，或对生活的改善、生命的开展有所作用，或希望听到不曾听过的新观念。这是从人的基本立场，为自己目前的利益而求佛法，求解决问题，企求脱离难关，这种希望解决的心本身，其实也是烦恼。

有人问我："皈依很多年了，仍不知要如何修行，该怎么办？"

我说："修行是不该做的事不做，不该说的话不说，不该想的不想……"

他的这个问题是许多人都会有的。如果知道是不应该说的话，但却说了；知道是不应做的事，还是做了，这样的情形，是意志薄弱，更应该修行。而且可以用修行的时间，减少做不应做的事、说不应说的话的机会，譬如诸位来农禅寺，听经闻法、念佛打坐，至少这段时间，不会恶口骂人、不会赌博、不会和人发生冲突而造身、口二业。

他又问："不该做的事是不会做，不应该说的话我不会说，但是，我不知道如何教自己不想不该想的事？"

另外也有居士问："心里一面念佛、听佛号，一面又观想着佛的相好、佛的功德，这样，岂不也是散乱心吗？"

我说："对，这样的心，不只一用，是二用，甚至三用、四用。手掐念珠数阿弥陀佛、口念阿弥陀佛、耳听阿弥陀佛、心想佛的相好，至少四用。但能够促使心念没有时间、空间在声色犬马上打妄想，已算是修行了。"这便是用修行的方法，抑制妄念的心，免造意业。

不过念佛若只回向妻贤子孝、富贵长寿、健康幸福，虽然是人之常情，但依旧是在修行人天的阶段，尚未产生出离心，基本上就是烦恼执著。

（二）修小乘出离法的烦恼

不论大乘、小乘，都讲出离心。没有出离心，对生死的感受不殷切，不易修行成功。很多大修行人发心修行，多从认知生与死开始。

对生死感受最深刻的，莫过于亲眷的生离死别，因为亲人间的恩、爱、情、义，都和自己的生命休戚相关，所以更能从亲人的死亡痛苦中，体会生命的无常，警觉死亡必会来临。在还活着的时候，能将死亡与自己并行观察，日常的言行必会和善，所谓"人之将死，其言也善"，且在光阴有限的事实下，会精进努力修行，上求解脱之道。

有人认为世间有很多很新鲜的事，尚未经验过，要尝试过了，才甘愿修行。试问，要尝试什么呢？杀、盗、淫、妄、酒？还是财、色、名、食、睡？这些都是五欲，五欲是苦海，表面上令人感受快乐、舒适，其实愈沉缅于享乐中，愈是坠向苦海深处。

另外也有一些人，打了几次佛七、禅七后，便要立刻舍弃家庭、父母、子女，辞掉工作而出家修行。有出离心，并非不好，但是在自己应尽的责任、义务未完成的前提下，抛家弃子，将已造的果撇下，一走了之，是一种逃避责任、逃避现实的自私行为，那也算是烦恼。即使是小乘的修行人，欲出离家庭，仍需征得家庭的同意，完成责任义务，不拖累家庭。

因此，身在苦海，要心思出苦海，少造苦海的业，但不逃避已造成的苦果，这是有心修行的人应有的正常观念。如果发了大菩提心，为了解救众生的疾苦，发心出家，仍是被鼓励的。

（三）修持大乘法的烦恼

禅法的修行，自古以来未限定只属于出家人，虽然成功的禅师，绝大多数是出家的大德，但仍有少数的在家居士修行成功。大小乘的基础既是在出离心，如以在家居士身修持，在生活上、心态上，便不能和一般的在家人一样。在家居士修行禅法，就是要行菩萨道，菩萨是没有情执的，只有慈悲，不求权利，只尽义务。

所谓莲花出污泥而不染，莲花庄严清净，象征修菩萨道、行菩萨道的人，能将障碍、折磨视为坚强意志力的训练，将烦恼的阻力转为助缘，在逆境中，更觉得修行可贵，所以菩萨在世间，但不是世间的烦恼众生。不过在家的修禅者，自处于污泥，很少不被污染，但仍应以莲花自勉，虽很难做到，还是要尽力去做，亦即《诗经·小雅》所说："高山仰止，景行行止，虽不能至，心向往之。"

出家，既要经过心理的考验，也要突破生理的困扰，更要跨越父母、眷属的情关。出家后能否修行成功，端视自己的福德因缘及善根基础；但不论有多大的成就，出家本身，就是修行，就是一件大功德。古来至今，许多祖师大德，都是由普通的出家人修行成功的。

三、以愿心为指标

不修行，烦恼重重，修行，也有烦恼。向谁学？如何修？用什么方法修？刚开始修行的人往往很困扰。

现代很多人假借佛法的名义，行外道的修法。刚开始修行，无法判别邪师、明师，如果遇到邪师，修行就有问题，此时端看个人的善根了。因此，如果无法辨别，念阿弥陀佛，求生西方净土最可靠。

而开始修行，找到老师之后，发觉修行的方法不适用，或方法熟练后，感觉没有进步，或对老师的教导产生怀疑而另寻他处求法等，也会造成很大的困扰，这些都是修行过程中选择方法的烦恼。

恐惧感，也是修行过程中很大的烦恼，怕鬼、怕着魔是修行时常有的情形。一旦心里有怕着魔、有不进反退的恐惧感，只要听到什么、感觉到什么或脑中出现什么幻象，就认为是着魔了。要突破这种心理状态，须修持到入定的阶段，或已亲见自性，或者用正确的无相、无我的观念，恐惧感才会渐渐减少。

还有一些人，害怕修行未达预期的目标就死了，害怕死了以后，不知下一世能否再来人间修持。这种恐惧心，必须由老师用佛法来化解。

死并不是没有，但学佛的人要死得其所。中国近世的禅宗有一无上法门，那就是参"念佛的是谁"这个话头，用得上力，既能赶鬼、驱魔，又能了生死。因为随时心无颠倒，心中只有一个话头或一个公案，有这种工夫，生死便可放心。

既然心是如此向往修行，此生结束，来生一定会再继续修行。如果还做不到这样的程度，就要发愿，愿除烦恼、愿度众生、愿学法门、愿成佛道，愿心就是指标。

既然修行过程中，会产生这么多烦恼，禅宗祖师们有一共同的劝告，劝告修行人，不要存有期待、突破、进步、开悟、解脱等的念头，有这种念头，一定是在忧虑、恐惧、怀疑的状态中。如果修行的人，了解这种种烦恼，便能走出烦恼的苦海，超度生死的大海。

法门无量誓愿学

信佛亦称学佛，学佛必须以"信"为基础，之后要学习信仰的对象，这对象便是佛、法、僧三宝，而信仰的目的则是要成佛。凡是神教，仅止于信，信之外没有修学及修行的要求。如果仅信佛而不学佛，便和一般神教无异。

学佛修行要有门可入，也应从门而入。从进门开始到成佛的方法，即是法门。法门有的是一条路进入后，一层次深入一层次，一个阶段又一个阶段；也有所谓八万四千法门，即无量法门，这无量无数门径，门门都是通往涅槃城；而在这任何一法门中，还有层次深入的不同阶段。

一、尽未来际皆勤学

所谓"法门无量誓愿学"，不是同时用很多法门，乃是因不同的烦恼，用不同的方法对治，即"烦恼无尽誓愿断"；也是因不同根器的众生，用不同的方法教导，即"众生无边誓愿度"。

有人会问："在我们一生中，怎么可能断尽烦恼、度尽众生呢？"我对这类问题的回答是：一生之中度不尽众生，一生之中也断不尽烦恼，也不可能在一生之中学完所有的法门，而是要经过无量劫，一生又一生，尽未来际到成佛为止，继续不断地学。

所以，很多学佛的人，与人鱼雁往返的书信中，会自称"学人"，意即尚在学习的阶段。在小乘佛教中，初果、二果、三果都称学人，是"有学地"；到阿罗汉，所作已办，生死已了，不受后有，从此出三界，称为"无学"。大乘佛教的无学，则要到八地以上，称为"无功用人"；到十地的成佛之际，才称为真实无学无断的无上完人。

佛在入涅槃之前曾说自己已说之法，如指甲内的灰尘那么少；尚未说的法，如大地上所有的土那么多。即使另外还有如阿难、舍利弗、目犍连等大阿罗汉有大神通、大智慧者，说法无量无数，尚说不尽；因此，佛法是广大无边的。

可用语言、文字解说，教导人如何修行，是进入佛门的方便法。方便法可说，但不是真实法，只是假借语言、文字，解释和引道学佛者到达成佛的目的地。释迦牟尼佛入涅槃之前曾表示：说法四十九年，未说一法。这里所说的"一法"，是指根本佛法，因为根本佛法，是无法可说的；但如能依照佛陀教示的方便法修行，即可体验那不可言说的根本佛法。例如不知"月亮"为何物的人，我们用手指天上的月，对方即可顺着手指，看到月亮，手指便是方便法。

二、辨别正法与邪法

法有正法和邪法，如何辨别正、邪呢？两者间其实是有很明显的区别的，凡是以利诱、威胁、恐吓和个人崇拜等控制的手段，促使人信奉者，便是邪法。譬如某神，号称具有神秘的法力，很灵验，可以帮人解决难题，帮人达到希望的目的，信奉他，固然一时间化解了眼前的困难，但是从此以后，也失去自己，虽受他保护，也等于被他控制；或要你起誓，如不按其训示行事，便会采取一些报复手段，使人不堪其扰，这些都是邪法。

再者，凡是违背因果、不明因缘的，一定不是正法。有的宗教说只要信，就能得到什么，其实凭空想得到利益，是和因果相违背的。当然也有可能信了某神之后，借神的力量，在其羽翼下，暂时受保护，但也不可能永远受庇护，因为包庇是违背因果的。

在佛教也有许愿，但愿心或愿力是指向未来，过去的果报、业力，还是要承受。发善心或善愿，能减轻或改善目前的果报，但是不能完全抵销过去的业。许多大修行者，如密勒日巴尊者、虚云老和尚等，在修行期间仍然承受很大的苦果报。

释迦牟尼佛成佛的最后一生，仍有腹痛、背痛、头疼及被提婆达多伤足的果报；佛陀在世时的几位大阿罗汉，如神通第一的目犍连尊者，仍有被鹿杖外道击毙的果报。佛陀时代的大修行者尚且如此，则我们祈求不受果报，怎么可能呢？

三、无漏正法是目标

正法又分有漏法和无漏法。有漏法是世间善法，持五戒十善，求人天福报。世间善法的标准，第一要有信仰，第二要有责任感，第三要努力。我们每个人都兼具数种身份，既是父母也是儿女，既是丈夫（妻子）也是父（母），既是学生也是老师，面对不同的人，有不同的身份和立场，也有不同的责任，要尽责也要努力精进，当学则须学，学以致用，这也是"法门无量誓愿学"。

但是有漏法是世间法，修人天善法得人天果报，果报享尽，善因便消失。譬如装满水的水缸有了破洞，大洞大漏，小洞小漏，水终将流失。

无漏，是种福不求福，行善不求报，布施出去的任何财物、智慧、体力，不但不求还报，即使连布施的念头也要没有，此即无相布施。世尊说法，无一法可说，度一切众生，无一众生可度，真正的佛法是无相，无相即是无漏的正法。

佛教的修行是以有漏的正法为基础，以无漏的正法为目标，用禅的方法达到目标。正确的禅法是无漏正法，是根本法，唯有开悟的人才能体验到无漏正法。对于未开悟的人，禅宗祖师教他们在日常生活中，时时刻刻把烦恼放下，守住正念，吃饭时，心在吃饭；挑水时，心在挑水；睡觉时，不胡思乱想，心也在睡觉；如此常将身心守护住。然后教以参禅的方法，渐渐产生疑团，吃饭不知吃饭，睡觉不知睡觉，再进一步，破了疑团，则达见性的境界，便是无漏正法的实现、体验。

从修持有漏正法到体验无漏正法时，虽然见相无相，仍要精进，否则是断见顽空的外道。很多人认为既然体验到无相，视一切皆空，何必再从事任何工作呢？这样的观念是很偏颇且危险的；也有人未证得无相法，只是自私、懒惰，不肯工作，这样的行为有如住在黑山鬼窟中，不能见自己本性。

所谓无相，是心中仍有我、人、事、物，但是心不执著。《心经》云："无智亦无得"，不认为自己是有大智慧、大福德、大能力的人，仍然努力不懈度众生而心不牵挂，顺应众生的因缘，做一切自己应做的事。庄子云："吾生也有涯，而知也无涯。"即使是世间的学问，在有生之年尚无法学尽，何况佛法呢？

佛道无上誓愿成

从凡夫到成佛的过程，在时间上，是逐渐的、长远的，福德智慧也是渐渐高深伟大，直到佛的究竟圆满。未成佛之前是行菩萨道，成佛之后，更是全面性地、彻底地行菩萨道。所以说，观世音菩萨是古佛再来，文殊菩萨是三世诸佛之母。可见成佛之后，自然广度众生。

一、正道是不违背因果

道有正邪之别。很多人都想修道，认为只要有修就好，并不清楚修的是什么道。如果不是修正道，即使眼前情况很好，终究因为所行之道不正而万劫不复。

但是正与不正应如何区分呢？

在中国曾经有以黄鼠狼或狐狸精为神祇来膜拜的宗教信仰，在台湾省也有类似的鬼神教，这种信仰的神祇，有可能寿命很长，也修得了神通，可以随意变化，拜他、求他、给予丰富的供品，果真可得到好处；但是，冒犯他，便遭祸殃。

这种民间信仰缺乏正确的因果观念，没有是非善恶之分；而且不是以自己的力量修行，不是用合理的能力解决困难，凭空求他帮忙，求利益、求感应，也许刚开始真的有求必应，得到不少好处，到最后必定得不偿失。这就好像肚子饿，求他赐食物，结果他在你的腿上取块肉来喂你，得的是自己，失的也是自己，这是邪道。

正道，是不违背因果，如人泛舟海中，舀左边的海水到右边，再舀右边的海水到左边，海水既不多也不少，却因此练就了强壮的臂力。有位居士说，他的太太学佛之后，经常护持三宝，经常慈善布施，虽然捐出了钱，但是在事业上都会再赚回来。既取之于社会，也布施于社会，既利益他人，自己也做了功德。由于自己的努力而得到利益，才是正道。

二、正道有内外层次

正道也有很多层次，佛教将佛法分很多等级。中国天台宗有藏、通、别、圆四教；华严宗有小、始、终、顿、圆五教；唯识宗的三时教、三法轮；西藏黄教宗喀巴大师分为下士道、中士道、上士道；近代太虚大师分为五乘共法、三乘共法和大乘不共法三层次。

四教、五教是圣教，圣人之前的凡夫要修持人天法，人天法中有外道，有内道——即佛法。佛法教人修持人天善法，是持五戒十善和布施，不造三恶道因。外道如果也修善、做功德，也是人天正道；但是一些外道修持的思想、行为，是荒诞怪异的，例如相信吃草、吃粪可升天，相信杀人可升天，信某神可升天，信某一部外道经典可升天，相信将童男炼成丹、熬成膏吃了，可升天等，无奇不有。

又例如人人希望长寿，于是民间常有吃脑补脑、吃肝补肝的观念，认为可以滋补身体，殊不知，这样反而造了杀业，不是正道。要求长寿，佛法教人需要多布施，多结众生缘、救济贫穷，先帮助他人长寿，有了这份善心功德，自己才有可能长寿。另外，打坐、念佛、拜佛，心中少点烦恼，也会长寿。

太虚大师的五乘共法是人天善法，再上面的层次是三乘共法。三乘共法中有离烦恼的小乘，有在人间度众生的大乘；小乘的最高果位是阿罗汉，修得阿罗汉果，就不再到人间来。从大乘的立场来看小乘的解脱，有如喝醉酒，陶醉在三昧酒中，是在灭受想定中，没有身、心，不受任何干扰，但仍不究竟。

菩萨一方面像阿罗汉，能不受贪嗔痴困扰，但另一方面却深入三界的众生群中，以佛法度脱众生，在诸苦之中不受苦。

菩萨有二乘解脱的功德及度众生的功德，也就是福慧双修，悲智双运，这是三乘共法的菩萨成佛的条件。从初地到七地菩萨，仍要修习三乘共法，八地以上即是大乘不共法。不共者，既非凡夫境界，也不是小乘境界。所以说"佛道无上"，其他的人天道、小乘道、菩萨道，都是有限、有上。

但是，在凡夫地的修行中，分辨何为成佛的正道，才是最重要的课题。

1985 年 3 月 24 日至 4 月 14 日讲于农禅寺

4. 四念处讲记

　　正确的修行方法，可以帮助我们在任何情况下都能感觉身心的自在。无论是用什么方法，主要的原则都是教我们时时放松身心，如此就能大大地减少身体上的痛苦与心理上的负担。

修四念处的究竟目标——智慧

四念处是帮助我们修定以产生智慧的修行方法。通过禅定与智慧，我们能了知一切事物的真实相，并能体证自性本空，因此禅定与智慧可说是通往开悟的解脱之道。虽然修习四念处不是为了禅定，但当有了禅定，四念处真正的目标——智慧，就会随之而来。

在修四念处之前，应先修习五停心作为准备工夫，因为要修好四念处，就必须先摄心，让心安定下来。修习五停心能帮助我们祛除妄念、止息内心喋喋不休的对话，让心止于一境，因此可说是前方便。一旦得定了，就可以观四念处，进而开发智慧。

五停心观包括数息观、不净观、慈悲观、因缘观，至于第五项，则视宗派而有界分别观或念佛观两种修行方法。

当心中有烦恼或妄念纷飞时，很难安定下来，此时用第一种，也是最简单的数息或观呼吸法，非常有效。有的派别是从不净观开始，有的是修习慈悲观，而因缘观和界分别观则比较不普遍。修行净土法门的人以诵念阿弥陀佛名号的方法来达到相同的效果，其实持诵任何一尊佛号都可以，也有人是持诵观音菩萨名号。这些都是安心的方法。

因为五停心观不在三十七道品之中，因此我们不做详细解说，只要知道它对修习四念处的重要性就可以了。如果修了五停心观，心安定之后，便可以从身念处入手，开始修习四念处。

传统的四念处是观身不净、观受是苦、观心无常、观法无我的四种观行方法，因此，修持四念处是直接对治我们内心时时生起的烦恼。

当我们处于顺境时，通常会志得意满，认为离苦并不难；当我们吃得好、睡得好，感到温暖又舒适时，很容易就会以为身体一点也不苦；而当我们心情安定自在，生活中也没有什么忧虑时，就会认为不需要精勤修行就能保有心的自在。然而，我们无法预料何时会生病或受伤害，何时会发生什么事情来扰乱我们的心，当这些事情发生时，我们很难不去理会，最后通常都会去看医生治疗身体的不适，或找心理医生来抒解情绪上的困扰。

正确的修行方法，可以帮助我们在任何情况下都能感觉身心的自在。无论是用什么方法，主要的原则都是教我们时时放松身心，如此就能大大地减少身体上的痛苦与心理上的负担。

身念处

我们所有的问题皆来自于身、心、环境之间的互动与冲突，其中心是最重要的因素，因为它能感受身体并体验环境。身、心、环境三者和合，形成了我们对自我的意识，因此会认为这是"我的身体"、"我的环境"。是谁有这些想法呢？是"我"，也就是自我的意识。你大可认为你的身体是"你"，但如果我问你：你的身体是不是环境？你大概会说不是。以一般人的认知来说，身体是"你"，而环境不是"你"。所以，当身体与环境产生对立时，受苦的是谁？是"你"，有这样的感受是很正常的。

有些人可能不觉得自己和身体有什么冲突，但每个人都曾有身心不调的时候。这个时候，你的身体是你自己吗？如果你的身体是你自己，而你的身、心竟然处于矛盾，那不是很奇怪吗？从这一点即可推知，你的身体可能不是你自己。或许你会想："当然，身、心有时难免会冲突，但我的心的确是我自己。"但是，你的心真的就是你自己吗？难道你从来没有前念与后念冲突的经验？还有，你今天和昨天的想法、你的理性和感性之间，难道都没有冲突过吗？只有愚蠢的人才会说自己的念头从来没有矛盾过。

自我意识可大可小，当自我膨胀到很大时，不仅会认为身体是我，甚至也会把环境当作是我，结果迷惑混淆了，而想要控制我们的身体和环境。随时随地拖着身体，已经是个负担了，更何况还要背负着环境，这负担不是更大吗？

我有一个弟子曾向我抱怨说："师父！我的身份低微，没有人听我说话，每当我需要帮忙时，他们也都不理我，我实在很苦恼。"

我就告诉他："你的身份虽然低微，但自我却膨胀得相当大，大到想要把环境纳入自我，甚至想控制它。你真愚蠢，不了解自己的局限。"

因为我们把身体当作我，然后身体又和环境互动，所以很容易把环境当作是自我的一部分，于是就产生了烦恼。佛经里曾提到，在所有引生烦恼的执著中，最难放下的便是对身体的执著。我们的内心产生烦恼，接着又将环境中发生的事，衍生出更多的烦恼。这也就是为什么四念处第一个要观的就是身体。

我们爱惜身体，期望身体是快乐的泉源，感官是欢娱的入口，虽然身体给予我们快乐与欢娱，也带给我们问题，身体并不像我们认为的，总是那么的珍贵或可爱。事实上，身体是不净的，这不是指流汗或体臭之类的问题，而是说身体会给心带来困扰。举一些明显的例子，像身体不适，或是疲惫、生病、饥饿的时候，都会引起痛苦。

最主要的是，身体会引起内心的烦恼，当身体与环境冲突，或是与这个世界有不平衡的现象时，内心就会产生烦恼。如果身体是清净的，应该只会带给我们喜悦和智慧，不过事实却并非如此，可见我们的身体是不净的。但是让身体不清净的，究竟还是我们的自我意识。因此，与其将身体视为欢娱的来源，倒不如用它来修行、广结善缘，那么这个身体就会变成智慧与功德之源，也就清净了。

当我们投生入胎，我们的生理就处于不净的状态中。前几天我去验血，医生提到我的血液中含有毒素时就说："每个人的血液里都含有毒素，没有一个人的血液是完全没有毒素、污垢，不含废弃物和元素的。"这位医生虽然并不是佛教徒，但经过仔细地思考后，我完全同意他的说法，我们的色身的确是被各种不净的物质所污染。当身体的基本组合成分不净时，就像血液，就会直接或间接地影响我们，让我们受到病老之苦。因为我们无法接受苦的事实，无法面对苦的真相，心也受到污染了。相反地，如果我们能观照，了知到觉受往往会为我们带来苦恼，那当我们享乐时就不会那么兴奋，遇到困难时也不会那么沮丧了。这是因为我们已经有了认知，理解到"受"是苦，"生"也是苦，所以遭遇困难时不会起烦恼，而这就是智慧。如果我们能"观受是苦"，就能得到智慧，从烦恼中解脱。

因此，重要的是要保持对身体和觉受的观照，但要注意，观照与执著是不同的。举例来说，在禅期中，我们可以去接受、享受身体的舒适和轻安的觉受，却不去执著它，或是希望能继续享有这些觉受。这样我们就可以清楚地知道自己所感受到的，就不会因此产生担忧和烦恼。尽管我们知道身体是不清净的，但还是要留意它；饿的时候吃、该洗澡的时候洗澡，而当生病的时候，就要服药。我们需要好好照顾身体，这样才能用它来修行。

受念处

当我们在观照自己的觉受时，所感受到的痛苦会少些。例如，有人对你好，当下会觉得很快乐，但若担心下一次这个人对自己是否还是一样地好，马上就变成痛苦，就这样，原有美好幸福的感受很快就消失了。或者，如果有人侮辱你，激起心中愤恨，你也只是徒增痛苦罢了。如果我们能学着观照自己的觉受和情感，便会发现它们仅是暂时的现象。因此能少受一点苦。

"乐"，可以说是一种因欲望满足而生起的幸福感，与苦其实是密不可分的。就佛教的宇宙观来看，生死轮回是在三界中，也就是欲界、色界、无色界，而凡夫所经验到的乐，多半是属于我们生活的欲界。欲界的乐基本上是来自感官的活动，也包括了心的活动，所以比色界、无色界天的乐还粗。

色界基本上是禅定天，其中的天人因体证到的禅定层次不同，体会的乐也有所不同。色界的乐比欲界的乐细微，因为此时感官的活动已经大幅减低。而无色界的乐是三界中最细微的，它本身已不是一种感受，而是近似于解脱的乐。说它"近似于"，是因为尚未从三界中解脱，尽管如此，它已经从身心的限制中解脱出来了。所以，随着三界，乐可以从最粗的欲界乐、较高而细微的定乐，一直到最高最细微的无色界乐。

你们今天都在这里用过午斋了。好吃吗？饿的时候，什么食物都好吃；不饿的时候，什么都不好吃。饮食的乐大多只在于饮食的当下，是非常短暂的，几个小时之后，又要再吃一次。还有听好听的音乐，原本是一件乐事，但一直反复听同样的歌曲，还会乐吗？或者是你正好想睡觉，可能会觉得音乐反而是个干扰。

现在来谈谈"触受"。抓痒的感觉好极了，对不对？但是，这种乐能维持多久呢？如果你不适可而止仍继续抓痒，那这短暂的乐反而会变成痛苦。所以，一切与我们感官所连结的乐，都是一时的、暂存的。

生命中有快乐吗？也许有人会说当然有，例如对大部分的人来说，恋爱中就是最快乐的时光。通常一般人不了解，谈恋爱其实也是满苦的。我们想想看，那位有名的爱神丘比特用箭射穿恋人们的心的景象，不正说明了爱情本身也是苦的吗？如果真的结婚了，夫妻或许会努力延续初恋时的感觉，但到后来往往反而会变成一种羁绊。

寻乐避苦是人本能的欲望，但是我们仍需要医生、医院、警察、法院、宾仪馆等。如果"生命现象"的本质不是苦的话，为什么国家需要军队，国家之间要互相防备？又为什么旅行时要过海关？没有一个众生可以逃避无常，这是很现实的。无常让我们在生命中遭受苦难，然而无常与苦的本质是紧紧相扣的；有生就有苦，生命的存在就是苦的事实，愈去抗拒苦就愈痛苦。

　　尽管定乐又深又广，但得到定乐的人依然是在无常之中。这种定力迟早会耗尽，又会退回到一般凡夫的境界，定乐也消失了。所以即使在定乐中，同样离不开无常。

　　这些例子说明了什么是"无常故苦"，但是，了解喜乐之中仍然普遍地存在着苦，并不是要我们变成悲观、无望和自怜。相反的，若修行者可以深入观照苦的本质，将更能面对与接受苦，并且逐渐从苦中解脱。所以，"观受是苦"是一种既能让我们离苦，又能让我们产生智慧的修行方法。

心念处

　　第三念处是观心无常。佛教心理学的"心"，有三个层面的意义：第一是识，是由于感官与外在环境互动所产生的觉知，譬如通过眼根，我们可以看见东西，透过耳根可以听闻声音等，这些心理现象都是属于认知的了别识。第二是意，也是思量，不需要经过感官的觉受，像是思考与记忆；这种现象在睡眠中也会发生，因为心不需依赖感官照样能做梦。第三是心，在意识的底层，就是使生命延续一世又一世、相继不断的；它不但连结过去世与现在世，也会延续至未来世。

　　关于"观心无常"，第一层次的感官觉受是最粗的，而且最容易觉察到它的短暂。当修行有进步时，心的觉察就会愈来愈细微，便能观照到第二层次。此时能够观照心的种种现象，不再受到感官影响。因为不受环境影响，心就能很敏锐地观照到念头瞬间变化的本质，是短暂的、虚幻的，也能清楚地观照到念头生生灭灭的过程。第三个层次的心，是最细微的，同样也是在禅坐当中发生。在这个层次，心甚至微细到能够了知自己无量的过去世与未来世，也能清楚知道心是愈来愈清楚明朗。当我们亲身体验到心是念念相续而变化无常的时候，这就是智慧。智慧能让我们从苦中解脱，而这也就是"观心无常"的目的。

何以体会到心的无常就能得到解脱？为什么那就是智慧？我们一般会认为这个心是"我的"，这个身体是"我的"，但理发时，掉落在地面上的头发，那是"你"吗？还有泡完澡后，留在浴缸中的污垢，那是"你"吗？你应该不想承认，但它们确实是来自于你的身体！按照常理，我们不会认为那些东西是"我"，那么，你到底是谁呢？有些人可能会认为"我的心就是我"，而这就是"观心无常"的关键了。感觉心是"我"，是对自我的执著。把相续的念头当成自己，是烦恼与痛苦的根源；例如当我们认同了心中骄傲的念头，就会产生痛苦，或是把嫉妒与忿恨的感受当成自己，这种种心境都会带来痛苦。

如果仔细检视我们的念头，就会发现，我们其实是把那些心的状态视为有一个恒常存在的我，相信在骄傲、忿恨、嫉妒等情绪的背后有一个"我"。正因为这种持续性的自我涵涉，产生了一种很微细的"心是我"的认定，所以才让我们受苦。唯有真正了解并体会到心是不断流转变迁，只是映现无常的一面镜子时，才不会再认为这川流不息的念头是我，那时候苦也就中止了。

我们可能会认为："这种修行实在遥不可及，是很高的境界。"其实不尽然。要达到这种境界并不需要进入甚深禅定，重要的是如何把这个观念融入到我们的心念态度中，并能随时随地运用。假如在日常生活中，我们能够留意念头的形成与变化，习惯去观察无常，就会逐渐减少诸如"我"或"我的"的念头。当我们的正知见愈透彻，对于"无我"的体验也就愈深广。而实证无我的实相就是智慧，能让我们离苦得解脱。

知道无常但不必因此而对生命感到忧虑，相反地，如果我们不止息烦恼，不如实观照，无法生起智慧，那么苦就会看起来那么真实而且永恒存在。佛教徒修持"观身不净"与"观心无常"并不会变得悲观，反而会更主动积极地修行，以期断除烦恼和得智慧。因为唯有如此，才能从苦中解脱出来。

修行就是在自利的同时，还要运用我们的色身来帮助他人。也就是说，要用心去观照，去做自利利他的事，并存善念、善心，这也就是学佛修行。只有当我们以全部身心积极投入行善、成佛之时，才能体悟到无常、空与无我。然而在自己证得空性得到解脱的同时，还有其他众生需要帮助、需要得解脱，此时我们就可以将全部的身心用来利益他人了。

法念处

第四项是法念处。佛教中的"法"有两种涵义：第一种是指所有心理与物质的现象，第二种是指佛陀的教法；"观法无我"的"法"是第一种，也就是"现象"。确切来说，不只是物质现象，还有心本身的现象，而这包括心理活动、心理过程，以及心念的对象。

佛教认为念头是存在于心中的现象，在一些佛教典籍里，我们可以看到非常详细的说明。譬如在瑜伽或唯识学派的典籍中，广泛地探讨心法，把所有的心理状态划分成不同的"法"，包括事件、活动及对象，让我们对"心"有一个全面的认识。另外，阿毗达摩的原典，对"法"也有非常详细的说明。事实上，这两类原典皆把世间一切现象分成许多种"法"，其中对"心法"有非常详细的解说。法念处不仅是要我们觉察内心生起的种种"法"，还要了知它们是如何引发我们的烦恼。因为我们把"法"及其所衍生的烦恼执为是"我"，一旦了解所谓的"我"不过是来自这些负面的心理状态时，那就是在修习"法念处"了。阿毗达摩和其他原典对于各种"法"都做了详细的说明，为了让大家可以简单地了解，我就只说明"有漏法"与"无漏法"。

"无漏法"是解脱法，是指智慧的心，非缘起法，也就是实证"无我"的法。而"有漏法"是缘起法，包括色法与心法。它们是因缘所生的心理现象，会产生变化、败坏，是短暂、不长久的。而诸法所生的"漏"，即是烦恼。

凡夫只能了解有漏法，因为那是世间存在的现象，也是我们思考、回忆和体验事物的方式。所有我们经历的事物都离不开衰败、变化与无常的命运。正因为它们是缘起的，所以我们所经验的每件事都是由有漏法构成的。

你可能看过有人这一分钟还在笑，下一分钟却在哭，小孩子通常都是这样，参加禅修活动的人也会这样。有一次，我带了一盒巧克力来到我要拜访的人家里，那家的小女孩很高兴，以为巧克力是给她的。当我告诉她这是送给全家的，她就哭起来了。大人也会这样吗？会。

所以，哪一个心是你？是快乐的还是难过的？假如那个快乐的心是你，为什么有时候你会难过？假如你是一个永恒不变的实体，而且是难过的，那为什么有时候你又是快乐的呢？事实上，我们所谓的"我"，是不断依据自己的心理状态而时时在改变，无论在哪里，都找不到一个永恒不变的我。一般人只要检视自心的运作，就可以很容易地发现，一切现象里没有一个永恒不变的"我"。通过"心念处"，我们可以了解心的运作，从检视自己日常的生活中，可以了解所有的"法"都是缘起、幻灭的，并没有一个固定、永恒的本体，这就是诸法无我的意义了。但更重要的，还是要将对四念处的领会融入到自己的日常生活中。

问：观无常时，要用理解力还是觉照力？

答：真正要了解无常并不是靠理解，而是要体验的。"无常"不是某个可以拿来思考的东西，而是需要去实证的。如果想用理智来了解无常，可能还没生起半点真实智慧就已经累垮了，因为它是要亲身体验的。例如，在痛的当下，你知道痛、体验到痛，这与脑子中想着"好！痛是无常，总会过去的"并不一样。这是一个从痛的过程中，去体验、了知痛的无常，而不是脑子想着："痛会过去的！"也就是说，你是用你整个身心、生命去了解当下所经验到的事实，根本就是无常的。

大乘观空的方法

修持四念处可以培养我们对身体、觉受、心念及一切现象的觉照。当我们明了这种种因素都是无常的，都是因缘和合产生的，便明白一切事物都没有恒常的自性，而我们的智慧也因此增长了。

与这四种观法知见相反的是四种颠倒见：身体为爱、觉受为乐、心念为"我"，以及现象为实。这四种颠倒会障碍解脱，但修习四念处可以帮助我们减少烦恼，增长智慧，因而能够修正这些颠倒见。当我们了解身体其实是不清净的，就不会执著爱恋它；当我们了解感官的乐终究只会带来苦，就不会欲望填胸；当我们了解心只是一连串流逝的念头，就不会将"我"看作恒常实有；当我们了解所有的现象都是无我的，就不会那么患得患失了。

在大乘佛法的修行上，四念处观慧的修法是直接观空。这是源自于《大般涅槃经》的思想，通过观身是空，观受、心、法是空，就可以证得智慧，乍看之下好像很容易，但除非精进修持四正勤（见下部分），否则是很困难的。

要怎么直接观空呢？对于身体，要了解身体的本质与色相本来就是空的，是无常的、因缘所生的，若真能如此看待，智慧就产生了。觉受是感官与感官的对象接触时产生的，否则不可能有觉受。如此可知觉受并非存在于体内，因为体内只有感觉器官；而觉受也不在体外，因为体外只有感官对象。那我们可以说觉受是存在于感官与其对象的中间吗？这是讲不通的。当我们了解到觉受不在内、不在外，也不在中间时，就可直接照见它们都是空的，进而产生了智慧。

这听起来好像是一种思辨，但这也正说明了万法因缘生的道理。觉受是因感觉器官与感官对象接触而产生，没有这因缘的和合，不可能有觉受。所以，如果可以直接观照到因缘的生起及其产生现象的过程，那就见到空性了。

现在我们来看心的观照。我们常用贪、嗔、乐、妒、疑等字眼来描述念头和情绪，但这些只是名词而已，并非心相真正的本质。如果心是不断迁流的，怎么可能用含有固定意义的名相来描述它？假如心有恒常的实体，我们怎么会此时快乐而下一刻难过？或是此时难过下一刻又快乐呢？假如情绪是真实的，我们又怎么会一下子喜爱某事物，一下子又不喜欢了呢？正因为心一直在动，我们不能用任何名相来描述它，并说"这个"就是心。所以第三种观心无常的方法就是要明了，虽然我们用各种名相来描述不同的念头与情绪，但这些名相并非心本身。

那么如何观法是空呢？台湾有位禅师在开示万法皆空后，有一位居士拿着一个装得满满的大红包上前供养。这个时候，听众里有一位禅师突然起身，一把抓走了红包。开示的禅师一脸错愕地说："这可是给我的供养呢！"那位禅师回说："你刚才说万法皆空；那钱财是空的，你是空的，我也是空的，谁得到这红包又有什么差别呢?"随后他把红包还给开示的禅师说:"红包当然是你的!我要表达的是,我们在谈空,但要如何才能真正去观空?如何才能真的体证到万法皆空呢?"

要把钱财、爱情、人际关系等事物看成空的,可不容易。你有办法把自己的配偶、男女朋友想像成空的吗?要练习将事物观成空的,必须先精进地修习观行,并且时时提醒自己放下贪恋,不执著于爱、情感、钱财等事物。要提醒自己,万事万物毕竟是空的。

我在日本读书的时候,有一位年轻学者发表了一篇有关"空"的论文,十分出色。会后一起用午餐时,大家都称赞他讲得很好,就说食物反正也是空的,便不准他吃饭。他说:"好吧!那我问你们,当空遇上空时,是否还是空的?"我们回答是,然后他说:"好,把空的食物放进我空的胃里,那不是刚刚好吗?"大家都点头称是,于是便让他吃了午餐。(笑)

这种直观的方法听起来很容易吗?可以不用四念处,看到现象直接就说"啊!这是空的,那是空的"吗?不行,没那么容易。我们需要精进努力修行,才有办法达到那样的境界。而那正是三十七道品的下一项内容——四正勤要讨论的课题了。

5. 四正勤讲记

　　四正勤就是四种在修行时一定要具备的态度，如果不具备这四种态度，就容易懈怠，修行是不容易成功的；不论是修出世的解脱道，或修利益众生的菩萨道，都会相当地困难。接下来便以七个小题来介绍四正勤。

四正勤是三十七道品的内容之一

三十七道品是基本的佛法，是通达涅槃道路的三十七种资粮。《维摩经·佛国品》云："三十七道品是菩萨净土"、"精进是菩萨净土"，《自誓三昧经》亦云："三十七品具足佛事。"

三十七菩提分法共分七类：四念处、四正勤、四如意足、五根、五力、七觉支、八正道。要想完成三十七道品，必须从四念处开始，然后经过四正勤，依此类推，一个段落一个段落地完成之后，才能够得解脱道而证涅槃。

三十七道品的基础是戒、定、慧三无漏学。不论是修持戒、修禅定或修智慧，如果没有四正勤这四种条件，那是无法完成的。四正勤是由四念处而来，而四念处的修行又是从五停心而来，这是从修定而修智慧。如果修五停心观，那是修"止"，"止"的功能最多是能够入定，无法产生智慧，但是经过五停心观，再修四念处，就能生智慧而得解脱。

没有智慧而只有禅定，或是没有智慧而只有持戒，都不能得解脱、得涅槃。如何才能有智慧呢？必须修四念处，那是一种"观"的方法。过去我曾经讲过四念处，相关文章诸位可以参考一下。

一、小乘的四念处观

四念处分小乘与大乘两类。现在先来介绍小乘的四念处观。四念处在小乘是修观慧，次第观身、受、心、法。

（一）观身不净：人们都很喜爱、很执著自己的身体，但是身体其实是不净的。

（二）观受是苦：一般人总是在追求自己感官的享受，事实上，所有的觉受没有一样能带来真正的快乐。

（三）观心无常：人们都认为自己的心是永远的，其实心是无常的，它的念头不断、不断地在变。

（四）观法无我：法是指一切所有的现象，如果把法当成我以及我的，这便是颠倒。

一般人以不净为净、以苦为乐、以无常为常、以无我为我。因为有这四种颠倒，所以有烦恼；因为有烦恼，才无法得解脱。为了除烦恼、得解脱，必须要有智慧。修了四念处后，知道身体是不净的，就不会那么执著；知道所接受的是苦，就不会那么贪恋；知道心是无常的，就不会把自己所追求的当成是永远的；知道一切的法、一切的现象都是无我的，就不会那么在乎臧否得失。如果能用四念处观，将四种颠倒转变过来，就能开智慧，得解脱、得涅槃。

二、大乘的四念处观

大乘以四念处修空慧，其观空的方法是：

（一）观身，性相同于虚空：观身体的本性和身体的形象，跟虚空完全相同，当下观空，当下就得智慧。

（二）观受，不在内外，不住中间：受就是身体跟外在环境的接触，也就是身体的五根与外在环境的五尘相接触时，所产生的种种感受。这些感受既不在内也不在外，同时也不在中间。意思是说，身体之内是五根，身体之外是五尘，因此觉受既不在身体之内，也不在身体之外，但也不是在中间。

事实上，如果仅仅是五根，是不可能有受的，一定要有五尘；如果只有五尘，也不可能有受的，必须要有五根。当五根与五尘接触时，中间产生了受；然而中间是空的，又如何能产生受呢？因此，受不在内、不在外、不在中间，当下就是空。

这听起来似乎是一种诡辩，其实是一种因缘观，因缘和合才有五根与五尘的接触，才会有受。因此，受并不是真的存在，只是因缘产生的。所以观因缘，当下就能观空，就是智慧。

（三）观心，但有名字，名字性离：所有形容心的名词，其实都跟心的本质是没有关系的。也就是说，所有心的活动现象，喜欢的或不喜欢的，包括贪、嗔、嫉妒、怀疑、忧虑、满足、喜悦等，这都只是人们所赋予的一个名词，实际上跟心的本身并没有关系。因为如果真的有一个东西叫作"心"，它应该是不变的，不会现在我喜欢，等一下又不喜欢；现在我爱，过了不久又变成了恨。所以说，心其实不过是一个假名。

更进一步说，凡是有心，都是烦恼心，跟烦恼相应的，都是坏心；因此，真正的好心是无心。如果能够当下观心，知道真正的心是无心，那就是智慧，就不会有烦恼而得解脱了。

（四）观法，不得善法，不得不善法：心法是心的活动，色法是心外一切心理和物质的现象。既然心法是假的名字，色法如虚空，那还有什么善与不善呢？无非只是在形容你的心。既是无心，此时看一切法，无善无不善，当下就是空，就是智慧。如果还有善、恶的分别，都称不上是智慧。

修大乘的四念处，不论遇到什么都说它是空的，看起来似乎很容易，真正遇到考验，恐怕就不是那么容易了。

曾经有一位老师在上佛学课程时谈到"空"，并教大家观空，才能有智慧。课后有人拿了一份酬劳给他，一旁的人突然一把抢走，上课的老师急着说："嘿！岂有此理，钱是人家给我的，你怎么拿走了？"那人说："既然我是空的，钱自然也是空的，什么都是空的，那你还要它做什么？"老师说："什么都是空的，不过钱是我的，没有空，所以我还是要。"那人一边将钱还给他，一边说："我只是跟你开个玩笑。看起来，什么都是空，只有钱是不空的！"

事实上，什么都可以空，但是对金钱与爱情，要做到空是很不容易的。因此，当拥有的时候，不要执著，不要贪心，要知道那是空的，这才是智慧。

我在日本读书的时候，有一位学者发表论文谈"空"，会后我们一起吃饭时，大家说："你讲空讲得真好，你既然是研究空的，那你今天中午不准吃饭，反正都是空的。"这位年轻学者回答得很妙，他说："一切都是空，现在我的胃是空的，食物也是空的，把空放到空之中，还是等于空啊！"

四正勤的异名

四正勤一共有四个名字：四正勤、四意断、四正断、四正胜。一般的经典都称为"四正勤"，其余三种用的较少。

（一）四正勤：就是四种正确的勤劳和精进。在修四念处观的时候，必须要祛除懈怠心，离开五种烦恼心。五种烦恼又称为"五盖"，那就是贪欲、嗔恚、睡眠、掉悔、疑，要如何祛除呢？就是要用四正勤。因为修行禅观法、禅定法时，必须以精进心来离懈怠、五盖，否则懈怠一产生，五盖马上出现，禅观就不会成功。

（二）四意断：《增壹阿含经》卷一八共有十经，都在叙述四意断，例如第二经云："诸善三十七道品之法，无放逸之法最为第一，无放逸比丘修四意断，于是比丘，未生弊恶法，求方便令不生，心不远离恒欲令灭。已生弊恶法，求方便令不生，心不远离恒欲令灭。未生善法，求方便令生。已生善法，重令增多，终不忘失。具足修行心意不忘。如是诸比丘修四意断，如是诸比丘当作是学。"

所谓意断，就是所有的烦恼心都是从意识产生活动，要把意识跟种种烦恼相应的活动全部断除，必须要用四种方法，这叫作四意断。

还有在修四念处的时候，自己的心不能休息，也不能忘掉自己是在修行，必须不断、不断地知道自己是在修行，用这种方法来断除烦恼，也叫作意断。

（三）四正断：《俱舍论》卷二五云："何故说勤名为正断？于正修习断修位中，此勤力能断懈怠故。"主要是以四种正确的方法，来断除懈怠心和放逸心。

（四）四正胜：或名正胜，《俱舍论》卷二五云："于正持策身语意中，此最胜故。"用修善断恶的四种正确方法，来策进、勉励我们的身口意三业。

四正勤的这四种名称，从不同的角度来讲，也可以说它有四种不同的功能。《法界次第初门》卷中之下云："一心勤精进"，修此四法，故名四正勤。修此四法，另有三名：能断懈怠故名四正断；于正策励，身语意业，此为最胜，故名四正胜；于意中决定，此四断行，故名四意断。

善法与恶法

四正勤只有四句话:"已生恶法为除断,未生恶法不令生,未生善法为生,已生善法为增长。"

修行佛法,就是断恶而生善。断恶分成两项,生善也分成两项,加起来就是四正勤。那么,善法是什么?恶法又是什么?有必要先加以说明。

一、十善法与十不善法

所谓善法,就是十善法、十种善法、十善业道;恶法,就是十不善法、十种不善法、十不善业道。修十善业道是普通人的道德标准,也是解脱道及菩萨道的基础;解脱道是小乘的阿罗汉,大乘则是成佛的菩萨道。

十善分成身、口、意三类,就是身体的行为、语言的行为、心理的行为。身体的行为有不杀生、不偷盗、不邪淫三种;语言的行为有不妄语、不绮语、不两舌、不恶口四种;心理的行为有不贪欲、不嗔恚、不愚痴三种。与十善法相反,就是十不善法。

二、心的善与不善

一般人认为只要没有犯法、坐牢，这就是善；坐过牢、犯过法的就是不善。其实，如果吏治不清明，做了好事的人也有可能坐牢，做了坏事丧尽天良的人，却未必坐牢。因此，好与坏是不能以坐牢与否来作为标准的。

又，一个小偷或是强盗，只抢了一百元或一千元，就算犯法要坐牢；可是，有人抢了半个或是整个国家，反而可以称王、做总统。也有杀了一二个人，可能会被判死刑；然而，有人杀了许多人甚至数万人以上，反而当了国王、大总统，甚至民族英雄。因此，一般人所讲的善与不善，是有问题的。

如果以十善与十不善的标准，便可以看出什么是真的善与不善。因为佛法除了语言、身体的行为之外，特别重视心理的行为。一般人只知道身体行为、语言行为的好与坏，但是，意念行为的好与坏却不容易判断。

心的善与不善又可分为两个层次：

（一）日常生活中：根据印度天亲菩萨在《百法明门论》中指出善法有十一个：信、精进、惭、愧、无贪、无嗔、无痴、轻安、不放逸、行舍、不害。不善法则包括：根本烦恼六个：贪、嗔、慢、无明、疑、不正见；随烦恼二十个：忿、恨、恼、覆、诳、谄、骄、害、嫉、悭、无惭、无愧、不信、懈怠、放逸、昏沉、掉举、失念、不正知、散乱。

（二）修禅定中：《百法明门论》的二十个随烦恼中，有八个是与修定相违背的，那就是：不信、懈怠、放逸、昏沉、掉举、失念、不正知、散乱。由于有了以上这几个原因，所以修定不成功。其实，在刚开始修定时，每个人都会出现这八种现象，必须一样一样去克服它。

许多参加禅七的人，前几天都是在这种状况下度过，渐渐地心比较轻松安定之后，掉举或昏沉的情形才会减少。因为在轻松安定之后，对自己会产生信心，比较不会懈怠、放逸，并且有了正确的观念，知道打坐是为了求得身心的安定和烦恼的解除。当一个人的心能够安定之后，就会比较清楚自己心念的活动，许多心念微细的状况出现，就知道这是好的还是不好的；不好的祛除，好的继续成长，这就是四正勤。

三、以善止恶即是修行

一般人多半不清楚什么是善与不善，什么是好的心与不好的心。有一次有位先生告诉我，他什么宗教都不信，他只知道宗教是教人做好事、存好心。

我问他说："没有错，那你有没有宗教信仰呢？"

他说："像我这样的人，还要什么宗教信仰？我既不做坏事，也不存坏心，只有像你们这样的人，因为常常做坏事、存坏心，才会有罪恶感，所以要信宗教。"

然后我又问他："你真的是一个好人吗？真的是一位好心的人吗？我才不相信像你这样的人会是个好心的人！"

他马上火冒三丈："你怎么能证明我不是好心的人？你说，我做了什么坏事？"

我说："你现在就不是个好心的人，因为你的心在生气，对不对?"

　　结果他更生气:"我本来没有生气,是你让我生气的!"

　　许多人认为生气不是坏事、不是坏心,是别人让他生气,而不是他自己要生气的。其实,人们经常都是在烦恼痛苦之中挣扎,却还不知道自己的心有问题。贪心求不得就变成嗔,如果得到了又希望贪得更多一些;与人相比,比不过人就会嫉妒,比人稍强一些就会骄傲;自己得不到而他人得到时,就认为这个世界不公平,于是产生忿怒。这种种状况,经常在我们的身上发生,这究竟是好心呢,还是坏心?

　　从佛法的修行立场来看,这都是烦恼、痛苦的心。佛法希望人们能从痛苦转成快乐的,从烦恼转成有智慧的,从嗔恨、怨恨转成慈悲的,从贪取转成布施的。以善来对治不善,以善来纠正不善,这就是修行,如此,才能够使我们的心真正地清净,真正地安定。

四正勤的内容

如前所说，如果没有禅定的基础，是不容易发现自己的心是善或不善，是清净或不清净的。修了禅定之后，心较为宁静、安定，比较清楚自己的心，随时随地可以纠正。因此，修行佛法，禅定是一个基本的工夫。

《大智度论》卷一九云："破邪法，正道中行故，名正勤。"又云："四念处观时，若有懈怠心、五盖等诸烦恼覆心；离五种信等善根时，不善法若已生为断故，未生不令生故；勤精进，信等善根未生为生故，已生为增长故，勤精进。"

四念处在前面已介绍过，是修禅定的一种方法，也是能够产生智慧的一种修行方法。《大智度论》便指出，在修四念处时，没有四正勤，就会有懈怠心；有了懈怠心，种种的障碍就会出现。这些障碍会产生五盖，而离五种善根；也就是说，五盖是不善，五种善根就是善，由于五种不善的现象，会使得另外五种善的现象不能产生。

一、五盖

所谓五盖就是贪欲、嗔恚、睡眠、掉悔、疑等五种，能盖覆行者清净心，令善不得开发。下面分别介绍这五种盖：

（一）贪欲：多数的人贪钱、贪名、贪吃、贪男女的爱，贪的东西很多。凡是跟自己的身体、生活有关时，不论是有形的或无形的，大家都很喜欢去追求。

在修禅定时贪的又是什么呢？那就不是一般人所贪的那些东西了。贪的是自己想像中的禅："打坐可以让我得到什么？听说禅会开悟，怎么还没开悟呢？什么时候开悟啊？"还有："禅可以得神通，我什么时候能够得神通？神通究竟会怎么样？"或是："嗯！禅能使人将身体忘掉，身心会统一，身心统一究竟是什么？我怎么还没得到呢……"诸如此类，都是在打坐时贪著的东西，而不断在等待、期待、追求。

另外一种情况是在打坐时，身体感觉软软、轻轻的，心里也好像很安定，这时的感觉真好、真舒服，一坐就坐一两个小时，甚至坐了一天，坐在那里很快乐。但是，这不能入定，也不能得智慧，为什么呢？因为在贪，因为不能舍。

（二）瞋恚：当所贪求的目的达不成，或是很喜欢、很执著的那种舒适状况突然消失；也就是想追求的没有追求到，已经得到的又失去了，这时候就会产生另外一种念头和心理状况，那就是瞋怨、悔恨、讨厌。

（三）睡眠：瞋恨心一产生，心头就会浮动，使得身体发热、头脑发胀，坐在蒲团上如同坐在火山上，非常痛苦；想站起来又觉得应该继续打坐，于是坐在那里跟自己战争、挣扎、痛苦，烦恼不已。挣扎了一段时间后，由于体力消耗太多，于是感到累了、疲倦了，接着就会打瞌睡。

（四）掉悔：睡眠之后，体力恢复后，继续打坐，贪、嗔又再度交互出现。因此，疲倦时想睡，恢复体力后又跟自己挣扎，心绪念头不断地上下上下，这就是掉悔。

（五）疑：在掉悔状况下，开始产生怀疑，怀疑师父教的方法有问题，怀疑自己身体的状况、体质不适合打坐，可能就会放弃禅修。

以上所讲的五盖，就是把善根盖住，把能够开智慧、除烦恼的善门关起来，把慈悲与智慧的门掩盖住了。

诸位在修行时，如果遇到这五种心的盖，就知道这些状况的发生其实都是正常的，只要持续精进，这五种盖子是盖不住你的。也就是当五盖出现时，要不断、不断地回到四念处的方法上，五盖自然就会离开，这就是四正勤所说的"已生之恶令断除，未生之恶令不生"。

二、五种善根

没有五盖，修四念处就会产生五种善根：

（一）信根：确信三宝四谛。

（二）精进根：又名勤根，勇猛修行善法。

（三）念根：忆念正法。

（四）定根：心止一境，令不散失。

（五）慧根：思惟真理。

此五法为能生其他一切善法之本，故名五根。

修行四念处，是由定而产生智慧；但是仅仅入定，不一定就有智慧，也不能得解脱。因此，必须经过信、精进、念、定、慧这五个过程，精进地修行，始能达到烦恼脱落，智慧出现的目的。

　　五种善根的第一项就是信根，信的种类有三种：

　　（一）仰信：许多人听到别人说信佛有很多好处，值得去信，所以也跟着去信，这是从善如流，也可能是迷信。大部分中国人都是因为家中的父母辈或配偶信佛教，所以跟着信，但是不清楚为什么要信。

　　有一次，我问一位先生怎么会信佛教，他说："唉！本来我没有要信，可是我太太跟我结婚时立了一个条件，如果我不信佛教，她就不嫁给我，没有办法，我只有信了。"像这样开始信仰的人很多，不过这也不坏，一开始是盲信，最后也有可能变成真正的佛教徒。

　　（二）解信：对于佛教的理论、观念已全然了解，并认为其中所讲的道理，正是他所需要的一种宗教。知识分子以及西方人的佛教徒，多半是这种信仰。

　　（三）证信：根据自己的体验、经验信了佛教，并且照着方法、观念去做、去练习，对自己的身心有帮助，对自己的生活以及家人都有帮助，感觉到这真是有用的一种宗教，因此产生了信仰。这种信，就是五善根里的信根，又叫善根发或发善根。

　　有了信根、精进根之后，就会有念根，念根就是心不会忘掉自己要修行。譬如有很多人皈依之后，就不再亲近道场修行，这就是念根没有了。有念根的人一定会说："我现在皈依了，佛法对我们一定是有用的，我要继续地学习，继续地练习！"这就是念。能够这样持之以恒，就能入定，就能产生智慧。

修行四正勤的重要性

四正勤不论在大乘和小乘，都是修行方法中非常重要的一个项目。修行善法，才能把善的基本和善的根，在心里生起。善根虽然是本有的，但若未听闻佛法，也未修行，善根不会生起；听闻佛法，善根种子才会发芽，依着这个善的种子去修行，善根便会不断持续往下深生。如同种子在刚开始生长时，它的根是往下延伸的，根发展得愈快，上面的枝叶就长得愈茂盛；没有根的东西是长不大的，甚至很快就会枯萎。因此，要增长善根，必须要闻法修行。

诸位来听闻佛法，就是在使得善根种子接受灌溉，然后种子才会发芽、生根，如此便能使人格健全成长，精神层面提升，信成就、戒定慧成就，这就是善根成就。

佛法将众生分为三等：

（一）凡夫：听了佛法，懂得佛法，但是没有修行或是修行尚未得力。

（二）贤人：听了佛法，修行已经得力，善根生起，信心坚定，其人格已在转变中，精神面已提升，但有时仍会有烦恼现行。

（三）圣人：初地以上的菩萨，已经断了部分的烦恼，从此以后，不会再麻烦自己，困扰他人；烦恼虽然没有完全断尽，但是不会再现行。

因此，不论是大乘、小乘，一定要用四正勤精进地修习佛法，就可以从普通的凡夫生起善根，变成贤人、圣人。

一般人认为修行就是打坐，只要坐在那里就算是在修行。事实上，打坐只是修行方法的一种，还有礼佛、拜佛、念佛、诵经、抄经以及背经等。只要不断地将心放在正知见的熏习以及正法的实践上，都算是在修行。

修行在佛经中有几个譬喻：

（一）如母忆子：修行就像母亲，不管到哪里，都会不断地思念她的孩子。

（二）如鸡孵卵：修行就像母鸡在孵小鸡时，它不会让鸡蛋冷了之后再去孵，必须不断地去孵蛋。

（三）如儿念母：修行就像婴儿一样，肚子饿了，不断地要找母亲喂奶。

（四）如水滴穿石：细水长流，持续不间断。

以这四种情况来比喻修行时的心态，修任何法门，以这种精进的态度，一定会发起善根。

以下略举几部论典，说明四正勤的修行在大、小乘法中的重要性及其关系：

（一）小乘的《俱舍论》一共有七十五法，其中有十个大善地法：信、勤、行舍、惭、愧、无贪、无嗔、不害、轻安、不放逸。此十法与一切善法相应，故名大善地法。善之中的第一个是信，第二个就是四正勤的勤。也就是说，首先要信，相信之后才能接受它，接受之后才会修行练习。"勤"就是修行善法，于心勇猛之作用，不断地练习之后，渐渐会产生善根。因此四正勤在《俱舍论》中是最基本的两个修行条件之一。

（二）大乘的《百法明门论》一共有一百法，善心所共十一个：信、精进、惭、愧、无贪、无嗔、无痴、轻安、不放逸、行舍、不害。其中的第二项"精进"即为四正勤，就是勇猛修善法、断恶法之心的作用。

（三）《成唯识论》卷六云："勤谓精进，于善恶品修断事中，勇悍为性，对治懈怠，满善为业。"

以上三部论著，都相当重视"勤"，也就是精进用功修行，使善法增长，恶法断除的一种力量。有了"勤"，就会勇敢又非常强悍，用它来对治懈怠、放逸，就不会退缩、畏惧，不会遇到阻碍就放弃。因此，要有勇敢而强悍的心，才能使得善根、善业持续不断地圆满完成。

精进的种类

精进就是四正勤，在论典中提到的有：

（一）《大智度论》卷八十提到有两种精进："身精进者，如法致财，以用布施等。心精进者，悭贪等诸恶心来破六波罗蜜者不令得入。"

（二）《成唯识论》卷九提到有三种精进：

1. 披甲精进——菩萨披大誓心甲，不怖种种难行，如《法华经·从地涌出品》云："披精进铠，为坚固意。"发了大愿心之后就如同身上披着盔甲，勇敢强悍，遇到任何危险的敌人，都不会受到伤害，也不会恐怖、退缩、逃避。

2. 摄善精进——菩萨勤修善法而不疲厌，修六度万行，不会遇到困难就退缩。六度就是布施、持戒、忍辱、精进、禅定、智慧，努力于布施等前面的四个项目之后，就能完成禅定，出现智慧。

大乘菩萨的禅定，并不是坐在那里身体不动，而是在日常生活之中，在众生的社会环境之中，不受污染与影响，反而能使整个社会环境因此而安定、和平。

所谓智慧，是超越自我以及所有是非好坏的执著，超越于主观及客观，以此处理所有的人、事、物，呈现的就是纯智慧的一种判断力和抉择。

许多人认为修行很容易，希望一下子就能得禅定，很快就能有智慧。当禅定、智慧得不到时，马上就会疲倦、起退心，这就是修善法不够精进，不懂得用四正勤的道理。

3. 利乐精进——勤化众生，永不疲厌。以精进的慈悲心对众生奉献，帮助、救济众生。大多数人从事于社会工作几年之后，就会觉得疲倦，不容易维持。但是作为一个菩萨，为了一个众生，可以多生多劫护持着，使其得度，助其成佛。而在帮助众生的过程中，成长最快的是自己，这就是"利人便是利己"，以利他来作为自利的修行方法。

度众生并非一定要有多大的能力、学问或财富，只要有精进心愿意奉献，就有机会帮助他人。我经常鼓励信众们，能在一星期或一个月之中，抽出一些时间到寺院来做义工，做义工就是帮助我们一起做弘扬佛法的工作，就是在利乐众生。也许有人实在没有时间，也懂得不多，听我这么一说，就不好意思再来了。如果真的条件因缘不许可，那也没关系，只要发个愿说："我现在只能来听经，没有空做义工，但是我将来有空时一定来！"这也算是发心护持道场，自利利人了。事实上，做义工也要有精进心，没有精进心，就不会有时间；没有精进心，也不会持续下去。

（三）《七佛通诫偈》的"诸恶莫作，众善奉行，自净其意，是诸佛教"为基础，直至菩萨的三聚净戒"断一切恶，修一切善，饶益一切有情"都必须精进。又如大乘六度及十度中，精进波罗蜜乃极重要。故在一切大、小乘善法中，若无精进，则不得成就。

佛教基本三经皆重视精进行

在三部佛教基础经典中，都有讲到关于精进、四正勤的重要。

一、《八大人觉经》

《八大人觉经》的第四觉知云："懈怠坠落，常行精进，破烦恼恶，摧伏四魔，出阴界狱。"意思是说，只要懈怠的人，就会堕落。如何纠止改善呢？就要经常以精进心来修行。

所谓堕落，就是从善法而堕落至不善法。譬如本来是要修行禅定的，结果因为懈怠，禅定不修了，反而变得心非常紊乱，情绪非常波动，意志力非常消沉，这不是堕落了吗？所以只要不精进，就是懈怠，懈怠就是堕落。

但是，请诸位不要误解佛经中讲的精进，将四正勤的"勤"当成是拼命。精进不是拼命，而是持续地不放弃、不中断。

持续不断也有两层意思：

（一）正在用方法时，不离开方法，不断、不断地将心拉回到正念的方法上，这就是"勤"。如果修行一段时间，对方法没兴趣就不修了，或是方法换来换去，这也是不精进。

（二）在完成一项工作的过程中，一样要睡觉、吃饭、休息，但是要持续不断地一直将工作全部做完，不做完绝不放弃，这也是"勤"。

四正勤是已经做的坏事不要再做，要开始断；还没有做的坏事，不要开始；应该修的善法还没有修，要赶快修；已经在修的，要修得更好。因此，修学佛法需要四正勤，即使是平常的人，也需要用这种态度来断恶修善。

通常我们都认为自己没做过什么坏事，事实上，每个人从生下来开始，多多少少都带着一些不好的习性；知道有不好的习气愿意去改，愿意一次一次地去纠正它，这就是精进。但是，也有人不知道，或不承认自己的习性是不好的。

我认识一位女士，她讲话的音量很大，即使只对一两个人谈话，也是很大声，在群众中，声音当然更大，只要她讲话，别人的声音都听不见了。我问她说："有没有人说过你的声音太大了？"她不承认地说："有呀！但是这个声音是我妈妈生的。别人也可以大声，这是他们的问题，不是我的问题！"像这样的人，认为自己没有问题，可是与人相处时，却使得别人不舒服。

另外一个例子是，我们的团体曾经登广告，征求一位工作者，有位先生来应征，我看了他的履历表，几乎平均每两个月就换一次工作，我问他说："你怎么常常换工作呢？"他回答说："这是个吃人的社会，不论我走到哪里，都会有人欺负我！"我反问他："那你怎么敢到我们这里来呢？说不定你还没有熟悉情况，两个月又要走了。"他说："没有问题，外面是吃人的，而你们这里是慈悲的，所以我选择到这里来工作。"

我看他的资历不错，人也很努力，所以跟他说："这样好了，我希望你能了解自己的状况，为什么会常常换工作。这里也是普通人的地方，凡是外边有的问题这里也有，不过，我们是讲慈悲的，会告诉你有些什么问题。现在给你两个月的时间试试看，能不能改变一下，试得好你就可以留下来。"两个月后，我们并没有开除他，结果是他感到我们这个团体也是吃人的，而自动离开了。

这样的人实在非常辛苦，也非常可怜，临走前我劝他说："世界上并没有吃人的地方，而是你自己在吃人啊！因为自己的心、自己的观念、自己的习气没有调整，所以看到的世界都是可怕的。但是，世界上每个人真的是那么可怕吗？这可能是你自己有问题。这是我对你的劝告，希望你能改善。"

所以，所谓好与不好有两种状况：

（一）自己感到很麻烦、不舒服，受了损失。

（二）自己没有觉得麻烦、损失，但是令其他跟你生活在一起的人感到不舒服。

二、《四十二章经》

《四十二章经》一共有四十二段，其中有四段讲的就是精进：

（一）第一章云："常行二百五十戒，为四真道，行进志清净，成阿罗汉。"这里持的戒是对比丘而讲，比丘要持戒清净，并且以精进心不断地修四圣谛，才能成为阿罗汉。证阿罗汉果，有的人很快，有的人却很慢；如果精进的人，在一生之间就能证得阿罗汉果，不精进的人是没有希望的；不精进就是没有持续地修行。

所谓修行，就是照顾自己的心，使自己的行为不懈怠、不放逸。这种修行，似乎是只对出家人而言，那么，在家人是不是也可以精进呢？

在家人不住在寺院内，但也可以在日常生活中养成一种习惯，这种习惯就是随时注意自己应该要做什么？不可以做什么？必须做什么？并且用一点时间来帮助自己，使得自己的身心平静、安定。譬如说，早晨起来梳洗过后，可以打坐、拜佛、诵经，每天养成习惯。在一天二十四小时内，则不要让邪恶、负面的念头出现；当不好的念头出现时，马上跟自己说："真是不好意思，一定要改。至少我要让它出现得少一些。"当邪恶的念头实在很强烈时，马上用修行的方法化解，例如忏悔、反省自己的行为，否则很可能会转变成身口的邪恶行为。养成这些习惯之后，邪恶的身口意三业，就会愈来愈少，这就是精进。

（二）第二十五章云："人为道，不为情欲所惑、不为众邪所诳，精进无疑，吾保其得道矣。"人如果要修行佛道，要不被情欲所迷惑，不被许多的邪说、邪见、邪行所欺骗，随时提高警觉，精进不退失，那就容易得道了。此处所说的道，是从痛苦、烦恼中而得以出离的解脱道。

所谓情欲，对出家人来说，指的是男女的爱情；对在家人来讲，就是不正常或是泛滥的爱。譬如说有了一个配偶，还想要第二、第三甚至更多，结果烦恼、痛苦、心里的问题障碍更多，对于身心都不健康。

我遇到过一位先生已经是结了婚的，但是他的女朋友不少，他太太经常跟他吵架，他也随时准备离婚，他认为反正他有那么多女朋友，一个太太离婚了又有什么关系。我问他："离了婚之后，另外一个女孩跟你结婚，她也会跟你吵啊！"他说："没有关系，那我就再离婚嘛！"

另外有位先生跟我抱怨说："最好不要结婚，结婚以后就被太太绑住了！"我反问他："不结婚跟女朋友就没问题吗？"他说："也很麻烦，我有好几个女朋友，每一个都希望我给她多一些时间，多一些爱。最初我认为可以享受更多的爱，结果不是，她们给我爱，但是也要我的心，而我的心只有一个，所以很痛苦！"

这就是过度的情欲，表面上看起来好像很享受，其实会带来更多的痛苦。因此，一个学习佛法的人，在情欲方面一定要节制。

何谓众邪？邪不仅仅是指邪恶的身口行为，主要是邪恶的观念及想法。譬如说，有人认为赚钱不一定要工作，只要用头脑就可以了。没有错，用头脑赚钱是一种智慧的赚钱方式；但是如果用欺骗的手段，甚至挖空心思，想不劳而获，将别人的钱变成自己的，因自己受益而使得他人损失，这是不道德的，这就是邪恶。

曾经有一群专门闯空门的年轻人，做案无数，终于有一次失手被抓，关在监牢里。有位法师去感化他们，其中一个人说："我不信佛，你不要来跟我啰嗦！"法师说："你们一定认为自己没有做错，能不能告诉我是什么道理呢？你们为什么年纪轻轻的不去找工作，而去做小偷呢？"他说："乱讲！这也是我们的工作！你要知道，我们花了很多的时间去研究、计划，才能拿到东西，这不是简单的，换作是你办得到吗？这次是倒楣被抓到了，下次更注意一点，他们就抓不到了！"法师又说："别人的东西及财产，都是辛辛苦苦赚来的，你们拿走，不是不公平吗？"这个年轻人说："哼！世界上的人都在偷、都在骗、都在抢，只是方法不一样而已。"

这就是邪恶的思想，对他人造成伤害，还认为是正常的、正确的、有道理的。当我年轻的时候，也有许多观念上的诱惑，譬如我吃素，很多人诱惑我，他们说："世界上的动物就是给人吃的，你现在不吃，等到世界上全都是动物时，人就被动物吃了。"我说："这没道理啊！照你的说法，现在不吃猪，世界上到处都会是猪。其实猪是人养的，没有人养也不会有这么多的猪啊！"他们说："现在的猪本来都是野猪，是人养了之后使它们变成家猪。假如每个人都不吃猪，家猪都变成野猪，野猪就会来吃人了！"我说："对不起！我是为了慈悲而不吃肉，不管你怎么说我还是不能吃肉的。"这种强词夺理、似是而非的说法，就是一种邪的观念。

（三）第三十二章云："大人能牢持其心，精锐进行，不惑于流俗狂愚之言者，欲灭恶尽，必得道矣。"

（四）第三十四章又云："夫人为道，犹所锻铁渐深，弃去垢，成器必好。学道以渐深，去心垢，精进就道。暴即身疲，身疲即意恼，意恼即行退，行退即修罪。"

三、《佛遗教经》

《佛遗教经》中有四段经文是讲精进的：

（一）有云："已能住戒，当制五根，勿令放逸，入于五欲……此五根者，心为其主，是故汝等（比丘），当好制心……譬如狂象无钩，猿猴得树……当急挫之，无令放逸。纵此心者，丧人善事；制之一处，无事不办。是故比丘，当勤精进，折伏其心。"

（二）又云："汝等比丘，若勤精进，则事无难者，是故汝等，当勤精进，譬如小水常流则能穿石。若行者之心，数数懈废，譬如钻火未热而息，虽欲得火，火难可得。是名精进。"意思是说，诸位比丘们，如果你们能够精进的话，任何事情都不会有困难。假如一个修行人的心经常懈怠，就像古代的人钻木取火，木头还没有转热就停止了，那是不容易得到火的，所以要好好地精进。

经文中另一个譬喻是说，即使是小小的水滴，只要不断地滴在石头上，时间久了，石头也会穿出孔来，这就是精进。精进的意思是持久地，不断照顾身、口、意三种行为；如果不照顾，就会变成懈怠、放逸，那么，任何事都完成不了。

因此，要修道完成，一定要持续不停地努力，许多人学佛一阵子，新鲜感没了以后，觉得修行佛法好像也没什么用。打坐，坐在那里不能动，不能讲话，得到的只是腿痛，其他一点好处也没感受到，不禁怀疑起自己：为什么要这么辛苦？结果打坐不坐了，修行也中断了。这样的人想要得到修行的利益是不可能的，因为木头还没有钻热就放弃了，又怎么会有火呢！

（三）又云：“世皆无常，会必有离，勿怀忧也。世相如是，当勤精进，早求解脱，以智慧明灭诸痴暗。”

（四）又云：“常当一心勤求出道。”

除了前面的《佛遗教经》，在《大般涅槃经》后分卷上《遗教品》第一也有：“我涅槃后，汝（阿难）当精勤，以善教诫我诸眷属。授与妙法，深心诲诱，勿得调戏，放逸散心……无常大鬼，情求难脱，怜愍众生莫相杀害，乃至蠢动，应施无畏，身业清净，常生妙土，口业清净离诸过恶。莫食肉，莫饮酒，调伏心蛇，令入道果……此生空过，后悔无追，涅槃时至，示教如是。”

结 论

四正勤不是拼命，而是像细水长流般地精进，如果像洪水那样猛烈，只会伤害自己伤害他人，修行不得力，马上起退心。如果能像细水长流般地不懈怠，在时间、精神、身体上都不会受到伤害，才能使我们的心真正地清净，真正地安定。

1999 年 10 月 24 日，11 月 7、14、21 日，圣严法师讲于纽约东初禅寺，姚世庄居士整理

6. 四如意足讲记

　　见性的经验，有点像一个人走在伸手不见五指的黑夜里，什么也看不到，突然间有一串雷电之光，一闪即灭，让你看到道路，发现了道路的方向，瞬间的闪电过后，又回复黑暗，道路也随即隐没，可是这时候你已经知道有一条道路可走，便有继续往前的信心。但这绝对不等于已经走完了路，因此，从此以后必须要好好地次第修行一切道品，好好地走完这条解脱之道与成佛之道。

四如意足是四种定境

四如意足是基本的佛法，是四种定境，又名四神足或四如意分，是三十七道品的第三科。三十七道品是修道的重要资粮，共有七科，也可称为七个阶段或七个层次，依次为：四念处、四正勤、四如意足、五根、五力、七菩提分、八正道分，加起来一共是三十七项，因此称为三十七道品。在此之前，已经分别讲过第一科"四念处"及第二科"四正勤"。

四如意足的梵文叫作 catvāra rddhi – pādāh，是得神胜如意的四种定，名为神足，又可称作为神妙的、神奇的力量，但其真正的意思是有四种神妙的脚，是以定为足。如意足，是神用自在、自由自主。可以根据自己的心愿、意志，不受外境的影响；可以约制内心的烦恼，不会表现成为不善的动作及语言。

一般人修行禅定，目的是在希望入定，在定中，自然不造恶不善业，暂时不起烦恼、痛苦，然而并未能从潜在的烦恼随眠，永得解脱，出定之后，瞋怒、骄慢等心还是存在。若依佛法道品的次第修行，由四念处、四正勤、四如意足，继续修习增上，便能以观慧及禅定之力，将烦恼由粗而细，逐层伏断。

　　以中国禅宗的修行来说，虽然是重视开悟的，但开悟并不一定要入次第禅定，只要能够见到自性或空性，便算开了小悟。开了小悟，并非完全没有烦恼，而是清楚知道自己的烦恼并没有断，也清楚知道自己的心有时候没有办法控制自己。因此，有一些所谓已经见性了的修行人，他们还是有许多的烦恼习气，不论是在语言中或是在动作中，会表现出不清净的情绪以及不清净的行为。因此，见性之后的人还是要多闻熏习、打坐、修定。禅宗是先用观慧入门，若无基础的禅定工夫，想要一悟彻底是很难的，故在一悟再悟之后，仍得继续修行。

修证次第中的四如意足

四如意足在五个修证次第中，属于第二个次第，名为加行位。所谓五个修证次第，是声闻法的从初修习而至解脱涅槃，兹介绍如下：

（一）资粮位：资粮也叫作道粮。就像过去的人在出门的时候，先要随身准备着路上吃喝的干粮及饮水等。是指三贤位：五停心、别相念处、总相念处。此位初伏三界见思二惑。见惑是指知见、观念的迷惑，包括身见等，思惑是指心理迷乱的烦恼，包括贪瞋等。

（二）加行位：准备了路粮之后就要上路了，往什么地方走呢？是往解脱的路上，努力前进。此位乃四善根位，是指：暖法、顶法、忍法、世第一法。此位续伏三界见思二惑。

（三）见道位：始发无漏正智，始见未曾见过的真谛；小乘初果位，大乘初地。《俱舍论》云：至四善根的第四，于世第一法的无间道发无漏正智，即以十六行相，次第观欲、色、无色三界四谛之中，通过十五行相，至见道。此位断三界八十八使见惑，见到圣道，进入圣者的阶段，即是声闻的初果位。

（四）修道位：是声闻的第二果及第三果位，继续修诸道品次第，继续渐断八十一品思惑及色等有漏法。

（五）无学位：初二、三果，虽入声闻圣位，仍称有学，到了第四阿罗汉果，断尽思惑，称为非所断，入此位者不再到三界受报，故称无学。

四念处及四正勤，是在资粮位修，四如意足则是在加行位修。在修行禅定的过程之中，能够发起暖、顶、忍、世第一的四种善根，因此，加行位又称作四善根位。依据《俱舍论》卷二三有云："暖必至涅槃，顶终不断善，忍不堕恶趣，第一入离生。"兹再分述如下：

（一）暖法：是总相念住之后念所生的善根，有下中上三品，皆具观苦、集、灭、道四谛，修苦、空等十六行相。暖是譬喻圣火，是见道位无漏智的前相。若入此位，虽或退堕、或断善根、造无间业，堕于恶道，然流转不久，必得涅槃。

（二）顶法：是暖法上品后念所生之善根，有下中上三品，皆具观四谛十六行相。顶是譬喻山顶，在进退两者之际，或有进而上登忍位，或退而下降至暖位，有造无间业而堕地狱者。然此位之人，纵然退堕，终不断善根。四如意足，即在此位修习。

（三）忍法：是顶法上品后念所生之善根，有下中上三品。下忍具观四谛，修十六行相，毕竟不堕恶趣。中忍渐灭所缘之四谛，灭能缘之十六行相，最后仅余一个属于欲界苦谛下之苦行相，谓之减缘减行。上忍仅为一刹那间。至此，毕竟不再退堕忍法，亦无堕于恶趣者。

（四）世第一法：是生于上忍后念之善根，仅为一刹那间，故无下中上的三品。此位同于上品忍位，仅观苦谛苦之一个行相。"世"是世间有漏法，此位是于有漏法中，无有超出此一观智的程度者，是世间有漏法中最高最胜之法，故名世第一法。此位极速无间，必生无漏智，入见道位，证悟胜谛，为初果圣者。

四如意足的内容

根据《大智度论》卷一九云："行者如是得四念处实智慧，四正勤中正精进，精进故智慧增多；定力小弱，得四种定，摄心故，智、定力等，所愿皆得故，名如意足。"

这是说在三十七道品次第之中，四念处、四正勤的修习，重点在于智慧增多，定力则不足，故须再以修习四如意足的禅定，方能使得行者的智力与定力相等，所以称之为如意，所愿皆得故。

又云："问曰：四念处、四正勤中已有定，何以故不名如意足？答曰：彼虽有定，智慧、精进力多，定力弱故，行者不得如意愿。"

这也是说，在修习四念处、四正勤中，虽也有定，但以智慧精进之力为多，定力较弱，所以不得如意愿故。

很多人有种误解，认为修行只要发悟见性，似乎什么问题都可以解决了，这是"未得谓得"的错误观念。单靠禅定，不会见性，单凭观慧，不得如意愿。必须智慧与禅定同等生起，才入顶位，但这还未见道，何况得大解脱。

四如意足是指欲如意足、精进如意足、心如意足、思惟如意足，分别介绍如下：

一、欲如意足

欲如意足：是以希望求得胜定，以欲为主得定。欲有三种性质：

（一）欲心所：欲有多层意思，通善、恶、无记的三性；发愿乐修道品是善，沉醉于五欲的享受及贪得无厌的追求、占有是不善，这里所讲的欲如意足，当然是善心所。

（二）希望：欲是一种希望、企盼。是对所爱乐的事物，想做、想得之欲求、愿望。此处的欲如意足，是希望得到殊胜、神妙的禅定。

（三）意欲（意乐）：在修习禅定的过程之中，有昏沉、掉举、放逸、懈怠、失念、不正知等六种缺陷，会阻碍禅定的修行，而"欲"的"意乐"就能帮助我们在习定时，排除其中的"懈怠"。例如《药师经》有云："正见、精进善调意乐。"《摄大乘论》则指出有六种意乐。《三藏法数》卷二七则云："菩萨修习一切法门，皆须作意欣乐也。"

二、精进如意足

精进如意足：是以精进策励得胜定，是以精进之力得禅定。有了欲这样的意愿、意欲之后，必然要下定决心，开始精进地用方法，这就要回到四正勤了；用四正勤的态度，既已精进努力地修习四念处观，亦以精进力来修四如意足。

三、心如意足

心如意足：是以守心摄心得胜定。以习定因缘生起道分，以有漏无漏心得禅定。用精进心来修习禅定，在任何一个时空里，都是维持在当下这一念的方法上。这个心，本来是散乱的妄想心，若将此心放在方法上时，就能够生起菩提道分了。这是将执著心、烦恼心，转为心如意足，作为习定的能缘所缘心。

四、思惟如意足

思惟如意足：是以智慧、思惟观察得胜定。以思惟为主得定，以定因缘生起道分。虽然已经能够用心修定，但是凡夫的心不可能一下子就变为修道的心，在用方法时，还是会有六种缺陷隐现出没，因此，就要用思惟、用智慧来省视观察了。省察自己在修定之时的心，如理不如理？正确不正确？如理正确，就持续下去；不如理不正确，就马上改过。渐渐地、渐渐地，到最后，只有如理正确的状况，这种状况称作"顶法"。在加行位中的"顶法"，就是在升堕进退之际，只允许有如理正确的心念出现，不断地思惟省察，使得不正确不如理的烦恼心（总名为十缠：无惭、无愧、嫉、悭、悔、眠、掉举、昏沉、忿、覆）没有现行的机会。

由于修习禅定有六种障碍，只要有其中一种障碍出现，心就是有问题的，是不如理的。因此，要以如理、思惟、观察来对治六种缺陷，对治十缠烦恼。如果能够到四加行位的最后一个"世第一"位时，那就超出凡界而进入初果见道的圣者位了。此时，心中不再有恶不善法的现行，可是见惑虽断，思惑未断，一直到成佛为止，才会永断最后一分微细无明。能到"世第一"位已经伏三界见思二惑，刹那无间，离凡夫位，入"见道位"时，断三界见惑；思惑已伏而尚未断，不名为缠，而称随眠。

四如意足即是四种三摩地

大乘唯识学系所说四如意足，亦名四种三摩地，例如《瑜伽师地论》卷二九云："欲三摩地、勤三摩地、心三摩地、观三摩地。"以欲、勤、心、观，四增上力，所得三摩地。三摩地即是定、等、持、一境性，下面即依《瑜伽师地论》来介绍四种三摩地：

一、欲三摩地

欲增上力所得三摩地："若于是时，纯生乐欲，生乐欲已，于诸所有恶不善法，自性因缘，过患对治，正审思察，起一境念；于诸善法自性因缘，功德出离，正审思察，住一境念。即由如是多修习故，触一境性，于诸所有恶不善法，现行诸缠，能令远离，而未永害，烦恼随眠。"

欲增上力，就是有个意愿、期待、希望，想要如何才能得定。首先，就要对治种种不善的烦恼心，看看这个烦恼是真的有吗？它的本性又是什么？如果知道它只是一种虚妄的妄念，不是实在的，那为什么还要有烦恼呢？执著自己的烦恼心，反而变成了麻烦，只有不断、不断地观察自己的心，知道所有一切的妄念，无非烦恼。

也就是观察恶法及善法的自性因缘，使得妄念愈来愈少，到最后就是心念的统一，称为"起一境念"、"住一境念"，而得远离"恶不善法"及"现行诸缠"，不过尚未永除"烦恼随眠"。

二、勤三摩地

勤增上力所得三摩地："若于过去未来现在，所缘境界，能顺所有恶不善法，能顺所有下中上品烦恼缠中，其未生者为令不生，其已生者为令断灭，自策自励，发勤精进，行彼所缘，于彼境界自性因缘，过患对治，正审思察，住一境念。即由如是多安住故，能正生起心一境性，于诸所有恶不善法，现行诸缠，能令远离，而未永害，烦恼随眠。"

勤增上力，又叫精进增上力。对于心中所想的念头，不论是过去的、未来的、现在的，全部都是妄念。过去的已经过去，不要再去管它；未来的还没有来，让它不要产生；现在有的妄念，不执著它，赶快停止。这个名为"能"调"顺所有恶不善法"，也是"能"随"顺所有""烦恼缠"缚。这个时候的心，只有清净的一念境，必须不断地观察现在这一念，停在现在这一念上。这就是《金刚经》所说的："过去心不可得，现在心不可得，未来心不可得。"能够这样不断地练习，即使还没有达到《金刚经》过去、现在、未来三心不可得程度，但是方向相同。从有间歇的一念，成为持续的一念，便是"心一境性"的三摩地，住此"心一境性"，便能远离"所有恶不善法"及"现行诸缠"，不过尚未永除"烦恼随眠"。

三、心三摩地

心增上力所得三摩地："若复策发诸下劣心，或复制持诸掉举心，又时时间修增上舍，由是因缘，于诸所有恶不善法，若能随顺恶不善法及诸善法，若能随顺所有善法自性因缘，过患功德，对治出离，正审思察，住一境念，即由如是多安住故，能正生起心一境性。"

心增上力，即是持心不昏、不散、不掉举，名为奢摩他。要时时省察自己的心，念念不断观察自己的心，是否有掉举等的现象，发现了马上要舍。此即是随顺一切恶法及善法，如理审察其自性因缘，或为过患、或为功德，或对治、或出离，便能得三摩地而住于"一境念"，而发起"一境性"。此三摩地，虽能远离所有恶不善法及现行诸缠，亦尚未能永除"烦恼随眠"。

四、观三摩地

观增上力所得三摩地："若于能顺恶不善法，作意思惟，为不如理；复于能顺所有善法，作意思惟，以为如理。如是远离彼诸缠故，及能生起诸缠对治，定为上首，诸善法故，能令所有恶不善法，皆不现行。便自思惟：我今为有现有恶不善法，不觉知耶？为无现无恶不善法，不觉知耶？我今应当遍审观察。彼由观察作意增上力故，自正观察，断与未断，正审思察，住一境念。即由如是多安住故，能正触证，心一境性。由是因缘，离增上慢，如实自知：我唯于缠心得解脱，未于一切一切随眠心得解脱；我唯获得及已修习，诸缠对治，定为上首，所有善法；而未获得及未修习，随眠对治。"

观增上力，观是观察、审思的意思。观察自己是否正在用功，随顺一切恶法，为不如理；随顺一切善法，为如理。远离诸缠，对治诸缠，皆由如理思惟，如是反覆遍审观察，便能得三摩地，便是能"住一境念"，而"触证心一境性"，"离"未得谓得、未证谓证的"增上慢"心。故其自知，唯于现行诸缠，心得解脱，未于一切"随眠"，心得解脱，尚须修习，对治一切随眠之法。

《瑜伽师地论》卷二九又云："彼由如是四三摩地增上力故，已远诸缠，复为永害一切一切恶不善法，诸随眠故，及为修集能对治彼诸善法故，便更生起乐欲策励，广说如前修四正断，加行道理。"

可知，四如意足，是在加行位中修习四种三摩地，虽能以之远离恶不善法的现行诸缠，尚未永除一切恶不善法的诸种随眠，必须更生乐欲策励，修集对治此等随眠的诸种道品。

四如意足即是四神足

由于四念处是修观慧，四正勤是以精进心来修四念处，但定的力量不强。因此，修过四念处的观慧之后，再修四如意足的禅定。

在禅宗修行的方法，譬如说用参话头见性时，就叫作破参，也就是破了禅宗修行的第一关，但这并不等于解脱，也不等于已经修行完了。见性，只是清楚地知道自己应该走的路是什么，此时，便奠定了对于修学佛法的信心。

见性的经验，有点像一个人走在伸手不见五指的黑夜里，什么也看不到，突然间有一串雷电之光，一闪即灭，让你看到道路，发现了道路的去向，瞬间的闪电过后，又回复黑暗，道路也随即隐没，可是这时候你已经知道有一条道路可走，便有继续往前的信心。但这绝对不等于已经走完了路，因此，从此以后必须要好好地次第修行一切道品，好好地走完这条解脱之道与成佛之道。

禅宗的见性，也不能与声闻初果的见道位相混。大乘法贵在菩提心的菩萨行，不为自求速成。迷人渐修，悟时顿悟；悟后起修，发大悲心，历劫润生。声闻法侧重出离心的解脱行，厌三界苦趣，求速脱五蕴；虽离我执，未离法执，不算究竟。

　　四神足与四加行位的关系，则如《俱舍论记》卷二五云："此（四神足）据加行立名。"又云："欲谓希求，勤谓勤策，心谓所依，观谓观察。"

　　欲神足：欲者欲起此定，谓加行位，由欲力故，引发定起。

　　勤神足：勤者勤修此定，谓加行位，由勤力故，引发定起。

　　心神足：心者心所所依，谓加行位，由心力故，引发定起。

　　观神足：观者慧观察境，谓加行位，由观力故，引发定起。

　　这里将四如意足，名为四神足，只是用作比喻，与六种神通的神足通，实在不相同，它是在加行位中修习的四种禅定。凡夫修行四禅八定，以享受定中的安乐，或是希望得到神通；修习道品次第的四如意足，目的不在享受定乐，不在获得神通，而是为了解脱。因此，《俱舍论记》卷二五也说："一三摩地，由四因生"，将四如意足称作四种三摩地或四种三昧，就与六种神通中的神足通，有明显的区隔了。

四如意足为何称为四神足

以神足为如意足命名的用意，可举典据如下：

《俱舍论记》卷二五云："谓诸神灵，胜妙功德，故名为神；定是彼神所依止，故名之为足，神之足故名为神足。"

四如意足的四种三摩地，能发起许多神胜灵妙功德，故以此定，名为神足。

《大毗婆沙论》卷一四一云："诸所思求，诸所欲愿，一切如意，故名为神；引发于神，故名神足。然此神用，略有二种：一世俗所欣，二圣者所乐。若分一为多，合多成一，此等名为世俗所欣。若于世间诸可意事，不住顺想；于诸世间，不可意事，不住违想；于诸可意不可意事，安住于舍，正念正知，此等名为贤圣所乐。"

所求如意，故名为神，此定有发神之能，故名为足。世间俗人所乐者神变发现；贤者及圣者所乐者，是舍却可意及不可意的两端执著，安住于正念正知。

《大毗婆沙论》又云："复有三种神用：一运身，二胜解，三意势。运身神用者：谓举身凌虚，犹若飞鸟，亦如壁上所画飞仙。胜解神用者：谓于远作近解，由此力故，或住此洲，手扪日月，或屈伸臂，顷至色究竟天。意势神用者：谓眼识至色顶，或上至色究竟天，或傍越无边世界。"

此段是说明"世俗所欣"的神足通之妙用，分别有三类神用，唯其非关四如意足的功德。

又云："三摩地名神，欲等（勤、心、观）四名足。由四法所摄受，令三摩地转故。"

以修习欲、勤、心、观的四种道品，发起四种三摩地的神用，故名四神足。

又云："三摩地，是神亦足，欲等四，唯足非神。"

三摩地既是果位的功德，也含因位的运作；欲、勤、心、观的四者，唯是因位的方法，未必已有三摩地的果德。

四神足不是神足通

四如意足又叫作四神足，"神足"之名，也是六神通的一种。所谓六种神通，便是：宿命通、天眼通、他心通、天耳通、神足通、漏尽通。神足通就是神运变化，不论变大变小，变远变近，变多变少，变有变无等，所有一切的神变都属于神足通。

称为神足通的原因，就是能够以超自然的力量来运作，完成各种三度空间现象变化的目的，从这样变成那样，从这儿到那儿的种种过程，就如用脚走路一样。神是一种超自然的神秘力量，足是运作过程的现象。在佛经，常常看到罗汉、菩萨以及佛，都有神通的记载。所谓十八神变，放光动地等，就是神足通。

修学佛法的人未必有神通，亦非一定要修学佛法的人才会有神通，没有学佛而仅修禅定也可能修出前五神通。甚至有些众生，不修禅定，也可能有报得的神通。一般人的异常经验，属于感应而不是神通，所谓感应，就是偶尔会碰到、听到、看到、闻到种种奇异现象。六神通中，除了属于四果圣人所具的漏尽通外，其他五种神通，凡夫外道乃至异类众生，也可能有。

神通和感应是不一样的，神通可以自主发通，感应不能自主自发，感应不一定是修行的人才有，神经质的人也常会有感应。神通所现如幻似真，感应所现似真非真，实则都应视为幻觉、幻境。有些大魔术师大催眠师，也能表现神通般的特异工夫。

凡夫对于神通都有兴趣，但是神通不是绝对有用，也不一定是正面的，它本身并不可靠。譬如说，过去世的重现，未来世的预见，能听到、看到远处发生的事情，能看到一些隐藏不露的物件，能知道他人心中在想些什么等，这些神通虽然会让人感到很惊奇，似乎打破了时空的限制，但是，从因果的原理来看神通，完全是没有用的，因为它违背了如是业因、得如是业果的自然定律。应该发生的事，迟早会发生；不应该发生的事，纵然发生了也不会真的管用，主观的神通是不可能改变客观事实的，纵然暂时改变，必然要于未来做更多的补偿。

不论在大乘和小乘的圣典中，都可以看到有关神通的记载。但是，释迦牟尼佛在世时，要吃饭他不会坐在那里等着，指挥一些天神送饭来吃，所以每天到了一定的时间，他会去村中托钵。成佛之后的世尊，在世间行化，不管走到哪里，也都像我们一样，是用两条腿在走路。他也不曾用神通变了一座又一座的寺院，让所有的弟子们都不需找工人建屋就有得住，释迦牟尼佛还是需要居士们供养土地，布施金钱来盖房子；甚至佛陀自己披的袈裟，也是他自己用手裁制的。人间的佛陀，是很少现神通的，他是一位平易近人的智者。

佛虽然有神通的，却不轻易用神通。佛的圣弟子中，有一男一女两位神通第一的目犍连及莲花色，已是罗汉，最后却由于宿世业报而被人打死。照理说他们可以用神通逃往他方世界，可是他们却没有，因为这是因果业力使然，纵然想逃，也逃不掉。

到现在为止，上座部的佛教界，仍是不准出家人表演神通的，例如在今天的泰国，比丘表演神通是被禁止的。中国的大乘佛法，不论是哪个宗派，也都不准许展现神通。藏传佛教，非常重视神通，可是也不轻易表演，当我遇到那些大成就者，问他们究竟是否有神通时，他们也不直说有或没有。

有一次《西藏生死书》的作者索甲仁波切（Sogyal Rinpoche）到农禅寺访问我，在他来的前一刻钟，我正在卧室，忽然有一只鸽子以非常快的速度飞撞到我卧室窗台下方的墙壁，当场死亡，那时寺内正在举行念佛法会，有一千多位莲友。我首先为这只死去的鸽子念阿弥陀佛，也愿以全体莲友们念佛的功德，回向这只鸽子往生极乐世界佛国净土。索甲仁波切到了以后，我盼咐我的侍者，用一只盘子托着这只鸽子，请索甲仁波切为它超度。

我说："这只鸽子真有善根，仁波切来了，我们正在念佛，所以也请求上师超度。"

索甲仁波切大概花了五分钟的时间，用一种也是弥陀法门的破瓦法（phowa），为这只鸽子念诵超度。

在他修法之后，我问："仁波切，请问这只鸽子现在到哪里去了呢？"

他答得很爽快："我没有这种神通力，我不知道！"

我不知道他是否有神通，至少他自己没有说他有神通，请问诸位，索甲仁波切究竟是否知道鸽子到哪里去了？其实从我的观点来看，它是往生了，但我不是靠神通而是因为信心，如果没有这个信心，我就不会自己为它念佛，也不会请仁波切为它超度了。

　　另外，最近有一位中年女士要来见我之前，我已得到讯息，因为在我的会客室中，忽然有了一股很浓的檀香味，我心里在想："嗯，有什么神灵要来了!"

　　这位女士来了之后，问我是否知道她是谁? 我说我不知道，她说我应该知道她是谁，我说："你应该知道，我不知道你是谁呀!"

　　由于那股檀香味，是从这位女士身上散发出来的，于是我说："你身上有一样不是属于你的东西，是在借用你的身体，准备做些什么。"此时的她，似乎已不能分辨，那股檀香味和她自己之间是一是二了。

　　接着我又说："我能够帮助你的，就是从今以后，劝你口中常称弥陀圣号，不要再听这东西的命令，心中常念五蕴皆空，渐渐地就会离开你了。否则，你会变成灵媒，对你的家庭、工作、生活，都会有负面的影响，你会变得很不正常。学佛的人，一定要在正常之中，开发平等的慈悲与无我的智慧。你今天来这里，附在你身上的灵，也未想到我会讲这番话，听了之后，对你们都好。"

　　像类似的现象，既非四神足，亦非神通，乃是灵体附身的功能，跟禅定无关，跟智慧不相应，和道品的修证无涉。最好是视而不见，听而不闻，不用排斥它，也不必去注意它。

　　2000 年 10 月 22 日、11 月 5 日，圣严法师讲于纽约东初禅寺，姚世庄居士整理

7. 五根五力讲记

　　五根与五力为三十七道品之第四与第五科；道品，又称菩提分、觉支，即为追求智慧，进入涅槃境界之二十七种修行方法，故义称三十七觉支、三十七菩提分、三十七助道法、三十七品道法。循此三十七法而修，即可次第趋于菩提，故称为菩提分法。

　　在三十七道品之中，共有七科，我过去已经分别讲过四正勤、四如意足等科，此次接着说五根及五力。

何谓五根及五力

五根是三十七道品的第四科，与眼、耳、鼻、舌、身等五种色根相对，亦名五无漏根。根有"能生"的意思，因为信、精进、念、定、慧的五种道品，是能生起一切善法之根本。依此五根，能令人生起无漏圣道。

五根在佛法中分有两类：

第一类是生理机能的眼、耳、鼻、舌、身，名为物质的五种色根。

第二类是道品次第的信、精进、念、定、慧，名为五种无漏法之根基。道品中的五根，能令人生起无漏的圣道；而道品中的五力，则是依据五根而生起五种破恶成善的力用。

五力是三十七道品的第五科，也即是依据第四科的信等五根而生起五种力用，因其皆有破恶成善之功，故名为五力。

《大乘义章》卷一六云："以信等五种道品，出生出世圣道之力偏强，故名为根，又因此，五根依次而有对治不信、懈怠、放逸、掉举、无明烦恼等之作用，故名为根。"

《止观辅行传弘决》会本卷七之一有谓，修行之人："纵善萌微发根犹未生，根未生故萌善易坏，今五法使善根生。"

三十七道品的修行是有次第的，从前三科（四念处、四正勤、四如意足）的修观和修定的根基扎稳之后，就会产生五种善根，每一种善根的根基都是有力量的，根据这五种善根再继续修行，那个力量就是功能，那就是五力。所以说，五根与五力彼此是互为因果的关系。经过前三科的修行基础而产生的善根，成为解脱道和菩萨道的基础，所以称它为"根"。

根就是根本的意思，任何植物都有根，如果根深而大，它的生长力就会愈来愈强，如果根细而小，遇到太阳就会被晒死，遇到雨水就会被冲毁。修行也是一样，如果根基不够深，很容易受环境影响，而改变自己的意愿，甚至生起退心。因此，修行佛法首先要培养这五种善根。

这五种根又名无漏根，无漏就是从烦恼得解脱。如何培养这五种根？就是要先修"四念处"——主要是修观、修定；然后用"四正勤"来修四念处——以精进的心既修观慧，又修禅定；再以四正勤的功能修四种神足，即"四如意足"，四种神足就是四种定。观慧和禅定的功能产生之后，信心就会稳固，第一根的信就产生了。

事实上，在修四念处时五根就已开始在奠定基础。四念处是观身、观受、观心、观法，再用精进心来修这四种观法，进而转成禅定的修行，对修行的方法产生信心之后，修行便得以更精进，禅定的功能就会愈来愈深，智慧也愈来愈增长。所以，五根并不是单独的，而是由四念处、四正勤、四如意足一脉连贯下来的。

如何在日常生活中运用五根

佛学是一种学问、一种方法，是可以用知识、书本以及老师来传授的。如果仅仅听到佛学，懂得许多经论，甚至也很会讲解一些经论，在佛门中形容这是"说食"、"数宝"。说食就像到餐厅里念菜单一样，念给人家听这是什么菜、那是什么菜，可是自己并未吃到；数宝则好比到银行替人家数钞票，数完了，钞票是银行的，与自己没有什么关系。因此，有些人也许对佛学理论很清楚，然而对自己生活的态度以及人格的修养，并没有帮助，这叫贩卖知识，也称作"说食数宝"。

我的师父东初老人曾跟我说过："懂四句不如能够用一句，讲十句不如能够行一句。"行就是修行，没有修行的心，它的根是浅的、浮的，无法扎实，所以要不受诱惑是相当不简单的。我从1975年到美国，至今已有26年，在此期间，我讲了许多经、许多法，也指导了很多人修行，但是听我讲法的人不一定跟我修行，而跟我修行的人也不一定能够持久。今天在座听讲的，居然还有五位是跟我修行了二十多年的弟子，他们之所以持续修行，主要原因是他们参加禅七，在禅修的过程中得到一点益处、一些体验，对他们的生活有帮助，对他们的心产生安定的功能；在座亲近我超过十年以上的人更多，他们多半也是打过禅七，知道不断地用佛法在生活中体验，用佛法调心，这就是修行了。如果只知道有佛学，而没有用佛法来调伏自己的心，信心是不容易建立起来的。

接下来就进一步介绍修行信、精进、念、定、慧等五种善根的方法：

一、信根增长

信根是笃信正法的三宝、四谛等，能生一切无漏禅定而得解脱；信力是因信根增长，对三宝虔诚，能破一切疑惑，不受邪信所迷。

信心是不容易建立的，建立了之后也很不容易坚固，有的人今天相信了，明天又会改变，而这里的"信根"是指信了之后不再改变，称之为信根增长。

信根增长意思是说"信"是个基础，然后还要继续不断地增上信心的力量。在此举出信因果、信因缘、信佛法僧等三个项目：

（一）信因果

种如是因，得如是果。灾祸与幸运，必有其原因，不用害怕逃躲，不宜得意骄傲。

因果简单的说就是，曾经有过的行为，必定有它的结果，现在所得到的、面临到的种种幸或不幸，乐或不乐，这都是果。而果是从哪里来的？一定有它的因，有的在这一生中知道或不知道做了些什么，有的则是在过去无量的生死之间，曾经造过种种的因，而到这一生来接受果报，因此，讲因果必须要追溯三世：过去世、现在世、未来世。能够这样，才能将因果讲得比较公平，也就不会对自己的遭遇怨天尤人，不会对自己的行为不负责任，否则，因果是无法讲清楚的。

自从九一一恐怖事件之后，美国仍然处在恐慌、紧张的状况下，大家都没有安全感。当时我正要从台湾到美国，在台湾的许多朋友都希望我不要去美国了，他们说："美国现在好危险啊！特别是纽约刚刚发生九一一事件，还有，美国正在流行炭疽热病毒，处处都在恐慌中，希望师父不要再去美国了。"我说："我的想法跟你们刚好相反，哪里有危险，我就要跟那个地方觉得不安全的人在一起，或许能为正处在恐慌中的人们，带来一些安全感吧！"

事实上，不论是在东方、西方，或者是过去、今天以及未来，地球这个环境是从来没有安全过的，有的是人为的灾难，有的是天然的祸害，但是，现在世界的人口数，却比过去增加许多，可见得死去的人还是要比活着的人少了许多。

我是相信因果的，所以我又跟台湾的朋友们说："如果我现在应该在意外中死亡，那么也不一定要到美国才有危险，留在台湾也是一样的，我可能会在洗澡时发生意外，也可能在上下楼时不慎从楼梯上摔下而亡。如果从因果上来讲，我现在还不应该走的话，那么到任何地方，意外都不会降临到我身上的。"就像东初禅寺的几位信众一样，他们都在纽约世贸大楼工作，可是就在恐怖事件发生时，他们刚好都去度假了；相反的，有的人不在那里工作，本来不应该去的，偏偏阴差阳错在最危险的时刻赶上了。因此，应该安全的人，即使遇到危险也能逢凶化吉；假如应该在此时往生，即使不该去的，因缘也会将他推到那个地方去。

（二）信因缘

诸法因缘生，自性即是空。若遇灾祸，当以智慧来预防，也以智慧来处理，就可避免灾祸，或减少灾祸造成的损失及悲苦。若遇幸运，当以努力来增加它、持续它，并以慈悲心与他人分享。如此一来，就可既不畏惧灾祸，也不奢望幸运，便是"空"的体验。

任何事情的发生，不论危险或安全、痛苦或快乐，都是不同的因素相加所得的结果，但是从因至果之间并不是单纯的一直线，因为其中加上了不同的缘。也就是说，以因果而言，可能会遇到危险，然而如果能多做一些预防的准备工作，危险的程度可能就会减轻；譬如现在多做一些护持三宝的功德，多做一些有利于众生的好事，观念、想法就会转变，命运自然也就会改变了，即使有危险，结果也不会那么严重了，这就是因缘。

信因缘就不会对自己当前的命运哀怨和失望，不会对自己当前的成就自满和骄傲，因为只要因和缘一有变动，目前所遇到的状况就会改变，好的可能变成坏，坏的可能会变好。所以相信因缘的人，必定会面对现实，并且运用智慧来妥善处理种种状况。

就像2002年9月在台湾发生了水灾，不少人因此而往生。当时在花莲有两个村落分别遭遇泥石流的侵袭，一个村在大水灾时，房子倒了，人也都往生了，甚至连尸体都找不到，因为他们没有经验，没有警觉。而另一个村同样遇到大水，房子也都倒了，房子里不仅进了水，而且堆满了两尺高的石头，但是却无人死亡，这是由于他们提前做好准备，一旦发生大水时，整个村民都能顺利逃了出去。

在台湾南投也有一个例子，有一位先生每天都在念佛、诵经，他的家里共有十几个人，有一天他忽然想到他很久没去台北了，就在发生水灾的那天晚上前往台北，结果就在一夜之间，他在南投的家整个不见了，不但房子不见了，人也都不见了。在1999年的9月21日，台湾发生了大地震，在震中范围之内的寺庙几乎全倒，但是寺庙内却无人伤亡，当我问他们怎么可能幸存呢？他们说："当时我们并不觉得害怕，房子倒下时，我们很镇定地找到出路。"我并不是说信佛诵经的人就不会遇到灾难，而是说可能有改善或避免的机会。

因此，我相信类似纽约世界贸易大楼被炸毁的事件，不会再次在美国发生，因为大家已有了警觉心及预防心。像生化武器的炭疽热病毒，如果具备防御的措施，也并不是那么可怕，只要小心谨慎即可。

如果有坚固的信心相信因果、相信因缘，便没有理由会恐慌、害怕，但是仍然应该做好安全措施，使得危险性减至最低。当然，该走的时候还是会走的，可是不需要恐惧，如果经常神经兮兮地觉得处处都在危险之中，本来没事的，结果可能因此反而将自己吓出病来了。因此，请诸位还是好好地照样过日子，只需稍微小心一些即可。

（三）信佛法僧

佛教是由"佛法僧"三宝组成，佛所说的话是法，我们信佛，所以相信佛说的法是很有用的；以法来修行，就需要有传承，需要有老师，需要有团体共同的勉励和规范，这就是僧。因此，需要用佛法的时候，就不能够不信三宝。当我们用佛法来帮助自己，帮助他人的时候，必须相信佛法是正确的，佛法对我们是非常有用的，只要有佛法，什么困苦危难的问题都可以解决。

因果和因缘，以及三十七道品所有的道品次第的修行方法，都是释迦牟尼佛所说的，而道品次第的方法就是法，法是要由老师来教的。所以对佛法僧三宝要有坚固的信心，而三宝中主要信的是"法"，用佛法来帮助我们调心，改变自己的行为，多与人结善缘，对人多说好话、做好事，能够如此，心里就会平安，命运自然也会改变。

二、精进根增长

精进根是于正法，修四正勤，无有间杂；精进力是因精进根增长，能除身心懈怠，断诸恶行。

精进事实上就是四正勤，再予以加强就称之为增长。四正勤有四个项目："已生的恶不善法令断除，未生的恶不善法令不起；已生的善法令住不忘，未生的善法令之生起。"

什么是善？什么是恶？有人说他自己在一生中没有杀过人，没有做过强盗，或未曾被法院判刑坐牢，所以这四个项目皆已具备了。其实，坐牢的人并不一定是坏人，没坐牢的也不一定是好人。有的人很明显伤害了人，却还不承认，也有的人不知道自己经常跟自己过不去，还老是怨天尤人，这样的人算是善还是不善呢？

有一次在禅七期间，我在禅堂里看到有一个人在打坐时老是在赶苍蝇，苍蝇一飞过来，他就拍赶一下，我问他在做什么？他说："苍蝇可恶、讨厌。"我说："是你自己心生可恶、讨厌。你引诱苍蝇来对你发生兴趣，它是没有烦恼的，它只知道你的头上有好东西吃，有好东西闻，现在你赶快到洗手间去，把头跟脸洗干净，苍蝇就对你没兴趣了，否则，它还是会不断盯着你绕。"像这样的例子，究竟是苍蝇做了坏事还是他做了坏事呢？这位先生坐了两炷香之后就请求小参，他说："师父，我是心生烦恼做了坏事，可是您也做了坏事呀，在禅堂里是不应该有苍蝇的，你将它放进来，所以我就受到干扰了。"我跟他说："现在大家都很有福报，有纱窗可以防止苍蝇、蚊子，释迦牟尼佛在树下修行六年，那时候也没有纱窗，甚至还有鸟在佛的头上做了一个鸟窝，但是释迦牟尼佛如如不动，根本不受影响，仍然在那里打坐修行。"

善与恶，有相对性与绝对性的分别，一般人讲的是相对性的，比较好或比较坏。而绝对性的善与恶又是什么呢？绝对的善，是心不受任何的境界状况所动、所影响，其禅定和智慧皆已成就；绝对的恶，则是极罪恶之行为，如杀人、放火、抢劫、强暴等。若以精进修行的角度来说，应该朝绝对的善去努力，相对的善还是不够好也不够正确。

有一次我在公园的树下坐着，来了一位不认识的年轻人，他突然在我的背后叫我不要动，我还以为他要抢劫，接着听到他在我头上拍了一下，说："啊！好大的一只蚊子呀，它正要咬你，我把它打死了。"请问诸位，这位年轻人究竟是做了好事还是坏事？对我而言，他帮了我的忙，似乎是做好事、存好心，但是蚊子只是要吸我一口血，而他却要了它的命，这不是太不合理了吗？

以众生平等的立场而言，这位先生的心是不善的，他对众生是以差别心来看，认为只有人类才是最尊贵、最重要的。其实，对蚊子来说，人类只是它的食物之一。

很奇怪的是，当我与许多人在一起时，蚊子多半只叮其他的人，叮我的机会不多，只有当我一个人时，它因为没有选择才会来叮我。有人说师父的血比较冷，所以引不起蚊子的兴趣。我想应该并非如此，或许是因为我把所有的小动物都当成众生来看，没有想要伤害它们，或与它们对立，特别是在我打坐状况很好的时候，这些小动物可能把我当成是一棵树、一根木头、一根草，不会来打扰我。

我们的心之所以经常随着境转的原因，主要就是会被环境所诱惑、所刺激，在这种状况下，心是随着环境在动，这叫"心随境转"，这个心就不是善心，不是好心了。如果心能够非常的安定、清楚、清明，连环境也会受心的影响而改变，用心来改变环境，这叫"境随心转"。因此，当心受到环境影响时，要告诉自己，自己的心已经跟不善相应了，必须调整自己，知道环境是环境，自己是自己，不要受其影响、刺激而产生心理的活动，或行为上的偏差，否则，自己的心就已经是不善心了。

因此，凡是让自己痛苦、烦恼、情绪波动，或者影响他人也陷入痛苦不安的种种行为，在不利于己也不利于人的情况下，不论是用语言的行为、身体的行为以及心理的念头，都叫作不善。凡是对自己的情绪及生活有安定感、安全感，同时将健康的念头以及语言等行为，分享给生活环境内经常在一起的人，这叫作善。

进一步，我们要能够做到，即使是生活环境不在一起，而是间接接触的人，也要有利益他们的想法、语言以及行为。也就是说，自己已从烦恼得到解脱，解脱就是智慧，就要把自己从佛法获得的智慧分享给他们，那便是以慈悲心帮助他人，使他们从痛苦烦恼中得到解脱，那就是最好的善了。经常过着生善而止恶的生活，便是精进根的增长。

曾有一位女士跟我说："师父，请您把我的先生也找来一起修行，好好用佛法管一管他！"我问她自己是否需要佛法呢？她说：

"我没有问题呀！是我的先生经常使我烦恼，家里所有的问题全在我先生一个人的身上。"在台湾我也遇到过这么一位先生，因为他的太太常常在法鼓山做义工，那位先生对我说："我的太太什么都好，就是学了佛不好，现在回来老是教训我，不准我打牌、钓鱼、喝酒，不可以的事太多了。未学佛前，她不会有这么多的问题，学了佛之后，每次回来都告诉我说：这是师父讲的，要怎么、怎么……"

我说："你太太真的坏吗？假如她回来陪你打牌、钓鱼、喝酒，是不是就好了呢？"事实上，只有对身心的健康、人格的成长是正面的，才是好的。而且这位先生不但有高血压，还有糖尿病，由于经常打牌打到夜不归宿，又常到海边钓鱼，他的太太非常担心他的安危。于是我又对他说："你太太存心是好的，只不过讲出来的话可能使你烦恼，希望你从这方面去包容她。"那位先生后来也参加了三天的禅修营，同时向我保证从此以后再也不打牌、不钓鱼、不喝酒了。我告诉他说："你要好好谢谢你的太太，因为她骂了你，对你来说当初她是做了坏事，结果却是好事。"同样一件事，一个是主观的，一个则是客观的，善与恶的标准就不一样了。

三、念根增长

念根是于正法记忆不忘，时时处处修四念处；念力是因念根增长，能破诸邪念，成就出世正念功德。念念修习四念处法：观身、观身受、观心念住、观法念住，于四圣谛法，记忆不忘。

修四念处法门可使得善根增长，即为念根增长。四念处"身、受、心、法"的基础是依据四圣谛"苦、苦集、苦灭、苦灭之道"而来。四念处有分析及理解两种功能，可以从四念处的观想转变成为自己的观念，从而体验到"身、受、心、法"经常都是在变化的，是无常的，是空的，是无我的。

一般人将"身、受、心、法"当成是我，于是产生了种种执著，因此有苦与苦集。如果有了观念上的转变，顺着修行离苦的方法，就可以断苦集，而证苦灭，寂灭为乐，便是彻底离苦得乐，但这是相当不容易的事。许多人明知道佛法的观念很好，道理很对，然而有痛苦、烦恼时，还是放不下、摆脱不了。因此，修四念处之后必须要修四正勤。

四念处的四种功能：

（一）**观身不净**

不净可分为两层意思。第一层是如果身体不洗澡、不漱口、害了病，就会产生污垢油腻；或是将现在这个大殿的门窗全部关紧，几个小时之后，就会闻到异味。观身不净，可以对治身体的执著，因为每个人都爱自己的身体，多数人认为自己的身体是最好的、最可爱的，只有少数人偶尔会讨厌自己的身体。

另一层身体的不净，是指因为有身体，就有了自然的生理反应，如饮食、衣着，以及性等的需求，所谓的"饮食男女"，就是食欲和性欲，这些行为为身体带来了不清净的业。因为身体是由物质的五根"眼、耳、鼻、舌、身"构成，由物质的五根产生了五欲，五欲的需求，便会造成种种的不善业，因此称它为不净。

凡夫众生的身体通常被称为臭皮囊，因为在皮肤下包着的是血液、肌肉、骨骼、内脏等，在活着健康的时候，这些是没有问题的，可是一旦不健康或死亡时，皮肤下所包着的东西全部都成了废物，甚至是有毒的东西。因此，观身不净有两类，一类是肉体的本身就是不净的；另一类则是因为有肉体，其五根会制造一些不净的业。所以从众生的角度来看，没有害病时身体是清净的，害了病之后的身体则是不清净的。

可是从佛或解脱者的立场来看，身体是不垢不净的，没有什么清净、不清净的问题，因为身体只是一个工具，用身体来修四念处法、修四正勤，修四如意足，这不是很好吗？只是以众生的立场来讲，因为不知道它是不净的，结果把它变成了一个制造恶业的机器，所以佛法要用观的方法，教我们如何观照身体是不净的。

观身体的方式有两种：

1. 在打坐时观：打坐时观身，就是体验身体的感觉、感受。刚打坐时，也许会觉得身体好自在、好舒服，等时间稍久，身体就会产生许多的问题，譬如痛、痒、酸、麻、冷、热等，这便是不净。

2. 在日常生活中观：在日常生活中也可以观自己的身体，例如最近我们有一位义工老菩萨，在关门时不小心将自己的手指压断了；还有一次我看到有个人站起来匆匆忙忙走出去时，把头撞到门框上去了。这两个例子，都说明了身体是不可靠的，事故的无常随时随地都可能发生，使身体受到伤害，这也叫作不净。

但是，请诸位不要误会身体不净是负面的，从佛法的角度来看，观身不净是一种智慧，是正面的，是让我们少一些执著，少一些心理的不平衡。因为凡夫根本不知道身体是不净的，在遇到不净的状况时，无法平衡地接受这个事实；如果已经知道身体本来就是有问题的，当出现状况时，也就不致有烦恼了。

（二）观受是苦

受是从身体着力的，没有身体就没有了着力点，所以不要以为身体不净是不好，观身不净绝对是正确的。用身体来体验身体的觉受，受是通过身体而得的心理的反应，因为身体有了状况，才有受的反应，那便是眼睛接触形、色，耳朵接触声音，鼻子接触嗅觉，舌头接触味觉，身体接触粗、细、滑、湿、冷、暖等；也就是当五根接触到五尘时，产生心理的直接反应，就叫作"受"。既然受的反应，是从身体的触感而产生，所以身体是个修行的工具，如果没有了身体，五根五力就无从修起。

受又有苦受、乐受、不苦不乐受三种：

1. 苦受：佛法将苦分为三种——苦苦、坏苦、行苦，一般人所谓的苦受是痛苦、沮丧、难过，此是"苦苦"。

2. 乐受：又称为"坏苦"。有人认为只要是喜欢的事，或对身体有快感，心里舒畅、舒服的，都是乐受。但诸位一定听过"乐极生悲"、"春宵苦短"，因为一切都是无常的，不可能永远保持快乐。

3. 不苦不乐受：又称为"行苦"，"行苦"的行就是色、受、想、行、识五蕴中的"行蕴"，这是一种微细的心理现象。必须要在达到相当深的禅定之后才能体验到，因为定力是不可能持久的，再深的禅定也会退失，所以叫作行苦。有人认为入了深定之后，好像很安全、很快乐，可是出定之后烦恼照样现前，清净、安定的心不可能持久。另外有一种深的不苦不乐受，那是在定中，当禅定到了无念，舍去任何妄念时，只有在一片明和净的状况下，没有什么苦与乐，甚至将定中的快乐也舍去，这种不苦不乐在如此深的禅定状况下，也叫行苦，因为即使达到最高境界的禅定，还是会退失。所以观受是苦，是要放下所有一切的受，出离这三种苦，才能够出离苦海而得解脱。

（三）观心无常

心的念头，就像瀑布一样，水幕不断往下奔流，看起来似乎有个瀑布，其实是一个幻象，那只是一串串的水，一直地往下流注，并没有一个固定的瀑布挂在那里。心念就像瀑布的水，前一秒钟的瀑布成分和后一秒钟的瀑布成分，早已不是同样的东西。心念持续不断地在转动，看来是连贯的，其实是不同的，这便是无常。

许多人一听到无常，就悲观地认为一切都完了。反正是无常的，管它做什么；反正是无常的，还需要这么认真吗？这些都是负面的看法，这是不懂得佛法。无常的意思是要我们在成功、快乐时，不要太得意、人兴奋，快乐的成果或许还能够持续久一些；在痛苦、悲伤时，也要帮助自己让痛苦的时间以及程度减轻或缩短，因为痛苦也是无常的，它是会变的，这样就不会绝望，而能够平稳地往前走。苦也好，乐也好，以平常心来生活，生活的目的，就是希望能种善根，使五根成长。

（四）观法无我

通常，身心都是在三种"受"与三种"苦"之中打转，一般人将三种受当成我，也把三种苦当成我，如果能看到身心的种种现象，并没有一个真实的我在其中，一切的身心现象的我是假的，这就是无我了。没有那个痛苦、烦恼虚妄的我之后，只有智慧与慈悲，那就是解脱的人了。

四、定根增长

定根是摄心不散乱，制心于一境，寂静不动；定力是因定根增长，能破一切烦恼乱想，发起诸种禅定解脱。不为色、声、香、味、触等五种贪欲恶不善法所诱惑困扰，不为昏沉掉举乱心所障碍，使心住于一境。于定不起执著，自在游戏于诸种禅定。

定根是从信、精进、念，然后再修定，主要修的是四神足，四神足是修四种定的力量之后而产生的功能。"定"原则上是心止于一处，没有妄想、杂念而进入禅定，称之为"心一境性"。定是有层次的，世间的定是从身心轻安、未到地定、色界的定、无色界的定；可是要求解脱的定，则必须从世间定一步一步往上走，此为出世间定，也称为解脱定。

五根里的定根，其目的是在解脱，而解脱定又称为灭受想定、灭尽定。那是从定境出离，不以定境为解脱，放下对定的执著，此时，不执著欲界的五欲，也不执著色界、无色界的定乐或定境，到这个层次时，就是出世间的解脱定了。

在印度，不论是在释迦牟尼佛之前或之后，各哲学、宗教的派别，都有一个目标，就是解脱。而每一派对解脱都有不同的解释及定义，也以不同的方式来达成解脱的目的。释迦牟尼佛对解脱的定义、方法以及步骤，是综合了各派的方法和观念，再经过自己的经验，得到一个有系统的次第，称之为四禅八定，最后是九次第定；四禅八定是世间的定，九次第定则是八定之后的出世间定。"定根"所指的其实是九次第定，不过从轻安开始，就可以算是定的善根出现了。

也许对诸位而言，根本没有想要入定，听到这个"定"，不知道对自己究竟有什么用呢？打个比喻来说，这就好比银行里有许多的存款，每个人都有份，都可以去提款，但是要怎么去提、怎么去用，就要看每个人自己的想法了。所以"定"是要从方法的练习,才能尝到其中的滋味;其实不要说入定,即使是得到轻安,已经是很有意思的事了。

在某一次禅七期间发生了几个有趣的故事:有位菩萨在前几天打坐时的心是散乱的,方法也用不上,但是在回家前的两个小时,她认为反正只剩下一点点时间,就马马虎虎吧,结果反而那两个小时内,方法用得最得力。

另一位菩萨在此次禅七中是最忙的一位,不但要擦一百多个窗户,还要监香以及照顾小参的人,但是工作多并不影响他的修行,只要开始打坐就可以连坐两个小时,而且坐得很好。

还有一位菩萨在打坐到第四天时,居然连续坐了五个小时,对禅堂里的状况似乎是知道,晓得人家去吃午饭后又回来打坐,也听到木鱼声以及引磬声,一直等到他要方便时才起座,否则还可以继续坐下去。在那段时间里,身体的感觉是有的,但他觉得跟自己没有关系。

因此,修定并不一定要入定才有用,在修定的过程中就已经在种善根了。入定是必须经过长时间的修行,普通人是办不到的。从经典里得知,在练习着修定的方法时,会发现自己的心非常混乱、不平衡,不容易接受自己的指挥;了解这一点之后,更应该用禅修的方法,帮助自己性格的稳定和人格的成长,减少自己与自己、自己与他人的矛盾冲突。

打坐时能够入定,当然很好,不能入定,也没有关系,但是修定的方法还是要用。其方法用在日常生活中,可以使得情绪平和、稳定,不受环境的影响而波动不安,这就是修定的功能。2001 年 9

月11日在纽约发生的攻击事件中，我有位学生亲眼目睹飞机撞上纽约世贸大楼，当时她还觉得很奇怪，飞机好像是在开玩笑似的，对着大楼直撞过去，事件发生之后，她有很长一段时间心里无法安定，后来她来参加禅七，禅七后我问她的状况如何？她说："虽然心里的影子还在，不过用方法调心之后，已经好多了！"

修定的方法能帮助我们安心，在遇到任何状况时，心不会乱，而且会恰到好处地来处理、应变。譬如纽约世贸大楼在面前倒下时，能逃的尽快逃，能救人的想办法救，但是心不能慌张，否则不但救不了人，自己也会非常危险。因此，修定的工夫能让我们临危不乱，也就能够逢凶化吉，危险的程度就会减轻许多。

心如何能够不受环境影响？一方面要靠观念的调整，另一方面则要通过方法的练习。观念是指经常要有无常及应变的心理准备。"小心"这句话是人人都会说的，但是小心往往是担心而不等于会照顾自己，真正的照顾不是担心，而是随时留心自己生活的环境以及动作，准备着遇到危险发生时该如何应对，这是心理上、观念上的准备。此外，在危险状况发生时要如何用方法？中国的佛教徒们都会念"南无阿弥陀佛"、"南无观世音菩萨"，将危险交给佛菩萨，心中就不会那么恐惧了；还有，注意自己的动作，注意呼吸、体验呼吸以及数呼吸，用这种方法来调整心情，当危机出现时，便能从容去处理而不会慌乱。

五、慧根增长

慧根是于四谛法观照明了，是由定中观智所起，了知如实的真理；慧力是因慧根增长，能遮止三界见思一切烦恼，可达解脱。五根之中，以慧根为首，皆为慧根所摄。知苦谛，知苦集谛，知苦灭谛，知苦灭之道谛。三十七道品次第，全属慧根所摄。

慧根是说领悟力很高，一听到佛法就很容易接受，并且愿意照着去做。在未开悟之前，慧根是从听闻佛法开始，而佛法的基本道理就是四圣谛。释迦牟尼佛最初度五位比丘弟子，讲的就是四圣谛；以四圣谛证得解脱道的阿罗汉果，这就是慧根的力量。也就是说，从释迦牟尼佛的智慧，产生了四圣谛的佛法，再用四圣谛的佛法来开发众生心中的智慧而使众生得解脱，此为慧根与慧力的关系。

四圣谛"苦、集、灭、道"可分为三个层次：苦、苦集、苦灭、火苦的道。已知苦的事实，也知道苦是因何而产生，这是集；而苦则是要从修道来断除的。苦已火、集已断、火已证，能够亲自实证四谛，实证灭苦，灭苦就得解脱，所谓"所作已办，不受后有"，就是应该要做的修行已全部做完，从此以后受苦的事实已经不存在，这就是阿罗汉了。

普通人是要从第一个层次学习起的，先要认定、了解到苦的事实，然后才会希望离苦，离苦就是要修道。前面所讲的四如意足，其修行过程是在加行位的阶段，而十回向、十行、十住等三贤是资粮位，这都只是贤人的地位，尚未到达圣人的地位，修五根之中的慧根时，才是进入圣位的阶段。

声闻僧是修小乘的佛法，从五停心至三十七道品，看似需要长时间的修行，相当麻烦。可是善根深厚的人，听到四圣谛法就能从初果、二果、三果，而至四果阿罗汉果。释迦牟尼佛度五比丘时，一开始就跟他们讲四圣谛法："生、老、病、死是苦的事实，苦是有原因的，那是由于过去所造的业，如何来解除这个苦的事实，那就是要修行八正道。"就这样，他们先后都证得阿罗汉果。

中国的禅宗被称为顿悟法门，佛在度五比丘时，当第一遍讲完，即刻有人证到阿罗汉果，就是彻悟了，这是因为他们的慧根深厚。而今天所说的内容，诸位能接受多少就接受多少，虽然尚未开悟，但都是有慧根的人了。慧根的深与浅是很难评断、衡量的，不要认为听不太懂，就以为自己没有慧根，说不定一下子茅塞顿开，突然间就开悟了。

苦谛，苦是由集而来的，前面已说过苦有苦苦、坏苦、行苦，它是有次第的。苦苦，是最容易发现、理解的；坏苦，是可以经过回忆、思考，从逻辑推理上得到的；行苦，只有在进入深的禅定之后，才可知道。一般人不承认自己是苦的，所以不想学佛，因为根本没想到有苦可离。就像苍蝇、蚂蚁、蚊子，它们过得很快乐，不知道离苦。因此，只有从佛的智慧才能使我们看到、相信到、体验到苦的事实，愿意用佛法来离苦。

知苦集谛，苦集实际上就是造业，是苦的原因，造什么样的业就得到什么样的果。一般人只知道不喜欢痛苦的苦，但是在造业时往往觉得是快乐、随性、自在的。譬如像阿富汗基地组织首领拉登，他策划炸毁了纽约世贸大楼，由于这样一个造恶业的行为，美国以及阿富汗都死了好几千人，而他自己也一直在逃亡。所谓造业的业，就是身体、语言、心理的三种行为，决定了造的是恶业或善业，形成业的性质。

一般人很难发觉心理上的造业，但是从生理的肢体造业以及语言上的造业得知，其原动力是来自头脑里的，因此"意业"是最根本的。即使只是在想，没有讲也没有做，同样也造了业。

意业又分为两类："思业"，是思惟上的一种意业；"思已业"，是思惟之后所产生的语言等行为。例如：如果仅仅头脑在思考着："我没有钱，想去抢银行。"但是接着又有了第二个念头："乱来！怎么可以去抢银行，这是不得了的事。"念头一转就不会去做了，所以思业之后有个思已业来补充，就不一定会成为事实。又例如在马路上看到一个女孩，心想她很漂亮，是思业；之后就一路跟到女孩的家，还继续不断地用语言等行动去追求她，这就是思已业了。

又譬如诸位知道我正在讲"五根、五力"，于是动了去听听看的这个念头，这是思业；接着就想尽办法问路，并且来听了佛法，就是思已业。

因此，从所造的业来讲，又可分为善业与恶业，或称为白业与黑业。白业，又可分为两类："无漏业"，是指修行佛法以离苦得乐，也就是依照三十七道品，次第修习，而能断除烦恼，得究竟解脱。"有漏业"，因为做好事而结了人缘，能得好的果报，在人间、天上享受快乐，但不一定修持得解脱的法门。

无漏业与有漏业，都有共业与不共业两种：

（一）无漏业：共业——基本修行的方法和观念完全相同，譬如：信因果、信因缘，要持戒、修定、修智慧。不共业——有的是修声闻道，有的修菩萨道。修菩萨道之中，有的偏重于辩论，有的偏重于布施，有的偏重于神通，这是由于不同的个性，就呈现出不同的形态，而造了不同的无漏业。

（二）有漏业：共业——是指生在同一个时代、同一个环境中的人，可能造了同样的业、共同的业，因为过同样的生活，受了大家共同的影响，而有了同样的思想，于是朝着同样的方向在思考、运作，将来的果报，可能就是生于同一个环境中，受同样的苦与乐。不共业——是说每个人都有自己的性格、嗜好、习气，即使生在同一个环境，也会有不同的行为表现。就像双胞胎长大之后，慢慢地他们的思想以及行为，就不会完全相同了，他们即使是在造共业的同时，也造了不共业，将来受报时，也就会有差异了。

从共业与不共业的造作，就能理解到为什么在同一环境、同一时代里生活的人，会有不同的遭遇及待遇。有的人生活得很快乐，物质丰富，朋友很多，做任何事都非常顺利；有的人物质贫乏，社会关系很孤独，做任何事都不顺利；有的人身体健康，有的人不健康，原因就是过去所造的业里有共业与不共业。如果不从这个观点和信仰去思考，就会抱怨说："父母真是不公平呀，为什么把我的兄弟姊妹生得这么聪明漂亮，却把我生得笨笨丑丑的！"也有人在遇到灾难或不幸事件时，就会骂天骂地："老天对我这么不公平，真是瞎了眼了！"如果相信有共业、有不共业，相信因为自己曾经造了种种和他人的共业及不共业，如今才会有这样在同中有异的结果，也就不致于再骂天骂地了。

前面说过，思业、思已业是有好有坏的，好的思业、思已业就是要发愿，发悲愿、发弘愿，发度众生的愿。发愿不是只发一次，要继续不断地发，然后照着去做，这一生没有做完的，发愿下一生继续再做。因此，在这一生中，如果发生了不如意或不幸的事，可能是因为善根、慧根形成，在过去世发了愿要帮助人，而在此生现身说法，来奉献、救人、救世界，结果自己受苦受难了，从思已业的观点来说，造的便是善业。以此角度来看，九一一事件的罹难者，也可以说都是过去发了愿的；我们要相信是由于他们的思已业，使得这个世界能够更加和平相处，同时提高警觉，不再有恐怖的事件发生。

六、五力的作用

如同之前曾经提到的，五力是三十七道品的第五科，是依据第四科的信、精进、念、定、慧的五根而生起五种力用，都有破恶成善之功，所以称之为五力。五根与五力彼此是有互为因果的关系，五根的每一种善根都是有力量的，那个力量就是功能，根据这五种善根再继续修行，就叫作五力。

以下列举出五力的功用：

信力：是依信根增加，对佛法僧三宝，坚信不坏，能破一切疑惑，不受邪信所迷。

精进力：是依精进根增上，断一切恶，修一切善，能破身心懈怠。

念力：是依念根增长，能破一切邪妄不善之念，成就出世离苦的正念功德。

定力：是依定根增长，能破一切欲烦恼想，发起禅定解脱。

慧力：是依慧根增加，能够遮止（消除）三界见思二惑，而得解脱，证阿罗汉果。

五根五力的经证及论证

在《大藏经》中，对于五根五力也有多处提及。分别为：

一、《杂阿含经》卷二六第六四七经

信根："若比丘，于如来所，起净信心，根本坚固，馀沙门、婆罗门、诸天、梵魔、沙门、婆罗门，及余世间，无能沮坏其心者。"

精进根："已生恶不善法令断，生欲方便，摄心增进；未生恶不善法不起，生欲方便，摄心增进；未生善法令起，生欲方便，摄心增进；已生善法住不忘，修习增广，生欲方便，摄心增进（四正断）"。

念根："若比丘，肉身、身观住，殷勤方便，正念正知，调伏世间贪忧；外身内外身，受心法，法观念住，亦如是说。"

定根："若比丘，离欲恶不善法，有觉有观，离生喜乐，乃至第四禅具足住。"

慧根："若比丘，苦圣谛如实知，苦集圣谛、苦灭圣谛、苦灭道迹圣谛如实知。"

第六五四、六五五、六五六、六五七、六五八经，均云："此五根，一切皆为慧根所摄受。""如是五根，慧为其首，以摄持故。"六五九经云："何等为慧根，于如来，初发菩提心所起智慧，是名慧根。"

二、《增壹阿含经》卷四二《结禁品》第四六第八经

信根："贤圣弟子，信如来道法。"

精进根："身心意并勤劳不倦，灭不善法，使善增益，顺心执持。"

念根："所诵不忘，恒在心怀，总持不失，有为无漏之法，终不忘失。"

定根："心中无错乱，无若干想，恒专精一意，名为三昧根。"

智慧根："知苦、知习、知尽、知道。"

三、《俱舍论颂疏论本》卷二五

三十七觉分，实事唯十：

四念处、慧根、慧力、择法觉支、正见——以慧为体

四正断、精进根、精进力、精进觉支、正精进——以勤为体

四神足、定根、定力、定觉支、正定——以定为体

信根、信力——以信为体

念根、念力、念觉支、正念——以念为体

喜觉支——以喜为体

舍觉支——行舍为体

轻安觉支——以轻安为体

正语、正业、正命——以戒为体

正思惟——以寻为体

四、《瑜伽师地论》卷五七

问信根谁所依处？答趣入善法之所依处。

问精进根谁所依处？答已入善法，恒常修习之所依处。

问念根谁所依处？答正知而行之所依处。

问定根谁所依处？答智见清净之所依处。

问慧根谁所依处？答烦恼永断之所依处。

五、《大智度论》卷一九

信道及助道善法——信根

行是道助道法时，勤求不息——精进根

念道及助道法，更无他念——念根

一心念不散——定根

为道及助道法，观无常等十六行——慧根

（信根、精进根、念根、定根、慧根为五根）

是五根增长，不为烦恼所坏（五力）

五根、五力："五根五力行众中摄，常共相应，随心行心数法，共心生、共心住、共心灭。若有是法心随正定，若无是法，心堕邪定。"

"菩萨摩诃萨，观五根、修五根。"

信根："信一切法，从因缘生颠倒妄见，心生如旋火轮、如梦如幻。信诸法不净、无常、苦、无我，如病、如痈、如刺、灾变败坏。信诸法无所有，如空拳诳小儿，信诸法不在过去、不在未来、不在现在，无所从来，灭无所至。信诸法空、无相、无作，不生不灭、无信相无相，而信持戒、禅定、智慧、解得、解得知见。得是信根故，不复退转。

"以信根为首，善住持戒，住持戒已，信心不动不转，一心信，依业果报，离诸邪见，更不信余语，但受佛法、信众僧，住实道中，直心柔软能忍，通达无碍，不动不坏，得力自在，是名信根。"

精进根："昼夜常行精进，除却五盖，摄护五根，诸深经法，欲得、欲知、欲行、欲诵、欲读、乃至欲闻。若诸不善恶法起，令疾灭，未生者令不生；未生诸善法令生，已生令增广。亦不恶不善法，亦不爱善法得等。精进直进不转，得正精进。定心故名为精进根。"

念根："菩萨常一心念，欲具足布施、持戒、禅定、智慧、解脱，欲净身、口、意业。诸法生灭，住异。智中常一心念。一心念苦集尽道。一心念分别根、力、觉道禅定解脱，生灭入出。一心念诸法不生不灭，无作无说，为得无生智慧，具足诸佛法故。一心念，不令声闻辟支佛心得入，常念不忘。如是诸法甚深清净观行得故，得如是自在念。是名念根。"

定根："菩萨善取定相，能生种种禅定，了知定门，善知入定、善知住定、善知出定。于定不着、不味，不作依止，善知所缘，善知坏缘，自在游戏诸禅定。亦如无缘定，不随他语，不专随禅定，行自在，出入无碍，是名为定根。"

慧根："菩萨为尽苦圣智慧成就，是智慧为离。诸法为涅槃。以智慧观一切三界无常，为三衰三毒火所烧，观已于三界中，智慧亦不着，一切三界，转为空、无相、无作解脱门。一心为求佛法，如救头然。是菩萨智慧无能坏者。于三界无所依，于随意五欲中，心常离之。慧根力故，积聚无量功德，于诸法实相，利入无疑无难。于世间无忧，于涅槃无喜，得自在智慧，故名为慧根。"

"菩萨得是五根，善知众生诸根相——诸种根器相。"

五力："菩萨行是五根增长，能破烦恼，度众生，得无生法忍，是名五力。复次，天魔外道不能沮坏，是名为力。"

问 答

问：对一个深信因果的佛教徒来说，九一一事件并不是一件让人非常害怕的事，但是我有一些同事，他们并不是佛教徒，也没有因果的观念，根本无法接受在同一时间内死了那么多人的这个事实，要如何去开导他们呢？

答：方法很简单，在遇到任何状况出现时，要用四句话来回应："面对它、接受它、处理它、放下它。"因为逃避是没有用的，必须面对这项事实，接受这项事实，然后用智慧或能力范围内的各项资源来处理，处理完之后就不必再为这样的事情担心、恐惧、害怕，而要将它放下，这是最好的办法。

譬如说，在纽约世贸大楼事件丧生的有二千四百多人，如果说这些人在过去世都是做了坏事，所以一起死亡了，这样的讲法，对亡者是不够慈悲，也不够尊敬的。两年前台湾的九二一大地震，也有二千三百多人往生，那时我就曾说过："那些在灾难中往生的人，都是菩萨，他们现身说法，奉献自己的生命，让后人学习、成长，能够有预防、改善的心理、心态，因此，这些人是在替大家奉献，我们应该感恩他们，他们都是救苦救难的菩萨。"这样的说法，是对那些在灾难之中过世的人们的一种尊敬。

经过这次恐怖事件之后，美国政府以及所有的美国人，乃至全世界的人们，在各方面都会成长，所以这些往生者，就是我们的老师。

问：感恩师父在一连串的讲座里，将题目引伸至九一一事件，也很高兴知道自己今天能来听闻佛法。我还想进一步知道除了来听闻佛法、修行、布施、助人之外，还有什么其他的事情，可以使得世界更为和平？

答：有的。第一是用宗教的祈祷，第二则是对周遭的朋友们，以佛法来帮助他们，不一定要用佛学的名词，而是用佛法的观念。法鼓山团体在九一一事件之后，能做的尽量在做，除了募款、捐款之外，在九一一满一百日时，也到灾难现场做了洒净的仪式。同时，我也很努力地在帮助联合国解决世界宗教的问题，并且将我们的理念及方法，告诉世界上的每一个人。

问：释迦牟尼佛成道时，悟到从生至死，有一个无所不在的苦在那里，这跟师父所讲的共业与不共业的观念，是否有关系呢？

答：有关系的。因为大家造了共同的业因，所以感到共同的苦果；这个娑婆世界是个苦的地方，由于我们共同造了苦的业，所以在共同的环境中，感受到苦的果报。但是，可以在观念上将态度调整过来，虽然是住在苦的娑婆世界里，但是在感受上可以是不苦的，至于如何做到情绪上的调整，那就要用修行的方法了。

问：当众生发现从生至死，都是苦的事实时，不是会很悲伤吗？

答：如果能将观念转过来，了解我们到这个世界上来是为了完成任务，就不会悲伤了。以我来说，已经七十多岁了，还有那么多的事情要做，如果我的观念不正确，那不就每天都会抱怨着说："我又没有欠你们什么东西，怎么你们老是来找我啰嗦啊！"

2001 年 10 月 21 日，11 月 11、18 日，12 月 2、9 日等 5 日，圣严法师讲于美国纽约东初禅寺，姚世庄居士整理

8. 七觉支讲记

　　古来传统的禅师们是很少讲三十七道品的，因为这是次第法，而非顿悟法门。我则试着把次第法门当成顿悟法门的基础，能顿则顿，不能当机开悟的人，就从三十七道品来着手修行练习，之后再用顿悟的禅法，与三十七道品接轨，那就很容易得力了。

三十七道品第六科

近几年来，我都是在讲解三十七道品这一个主题，这是佛法的基本修行方法。能够修成三十七道品，就能得解脱，在上座部或者对小乘佛法而言，可证得阿罗汉果，就大乘佛法而言则是可以成佛。三十七道品本来是小乘的教法，但是在大乘的经典以及论典里，都主张修行菩萨道，也应当要修三十七道品，只是修行的态度不同。

因此，三十七道品原则上是声闻法，好像是为解脱道而说的，可是三十七道品从声闻的立场来看，它是声闻法；从大乘的立场来看，则是成佛的菩萨法。所以我讲小乘的声闻乘，也要讲大乘的菩萨乘。

但为何不直接讲大乘法呢？因为一开始就讲大乘法，可能会不切实际，所讲的会和身体及心理所实行的不相应。因此，我们不能否定小乘佛法，要知道小乘的佛法是基础，是必须的。

三十七道品称为道品次第，也就是次第的修行方法有三十七种，分为七大科：第一科"四念处"，第二科"四正勤"，第三科"四如意足"，第四科"五根"，第五科"五力"，第六科"七觉支"，第七科"八正道"。从第一科四念处至第七科八正道，一个段落一个段落，一个层次一个层次地往上修。而在每一科之中，也有其次第；譬如四念处的次第，是先从观身开始，再观受、观心、观法，名为"别相念"，然后任修一观即含摄四观，名为"总相念"；其他的每一科也都有次第或不次第。

七觉支是三十七道品之中的第六科，是由修行观慧及禅定而入无漏道法的次第道品。

这七科之间看起来，似乎没有什么关系，事实上是有次第以及前后关系的。中国禅宗不讲次第法门，但也并非全然如此，只是不把次第当成是究竟的。禅宗并不否定三十七道品修行次第的功能，所以中国禅宗还是有从最基本的五停心开始修的，接下来就进入三十七道品的第一个阶段"四念处"的观身、观心，因此，次第的修行方法还是存在的。

所谓五停心观，就是能让散乱的妄想心，变成集中心以及统一心的五种方法，那就是：不净观、慈悲观、因缘观、念佛观、数息观。五停心观是在尚未修行四念处之前必须具备的修行基础，也就是禅定的基础，有了集中心和统一心之后，才算进入三十七道品的第一阶段。

最近我去了一趟大陆，参访一座古老的禅宗寺院，他们告诉我，每天要禅坐十支香，一支香差不多一小时至一个半小时，这等于整天都在禅坐。我问他们说："每天坐十支香，一定很多人开悟了。"他们回答："哪里，我们只是练腿而已。"曹洞宗的修行方法就是"只管打坐"，坐也能坐出些道理来的，能够一天坐十支香，一连坐几年、几个月，这也是很不简单的。

何谓七觉支

一、七觉支的名称

七觉支是三十七道品的第六科，为什么称它为七觉支？意思是说，在修行这七个项目之后而能开悟，也就是说，这七个项目是开悟的条件。

七觉支有几种不同的翻译法，介绍如下：

七觉支——新译：七种悟道的修行项目

七觉意——古译：七种有助于智慧开发的道品

尚有：

七觉分——《杂阿含经》

七菩提分——《仁王护国般若经》、《阿弥陀经》、《大乘同性经》

七等觉支——《集异门论》

略称"七觉"

觉支——广义称三十七道品皆为觉支，狭义但以七菩提分为觉支。

凡是在唐玄奘三藏之前所翻译的经论，称为古译；从玄奘三藏开始，经论翻译名词的习惯用法，则称之为新译。所以"七觉支"是新译，"七觉意"则是古译，意思是七种觉悟的道理，或者是七种觉悟的思惟法。

此外在《阿含经》，特别是在《杂阿含经》里，称它为"七觉分"，实际上"分"与"支"的意思相同，是指在不同阶段及过程中修行的七个项目。而在大乘经典中，称之为七菩提分，是七种得到觉悟的次第修行方法。

七觉支的梵文是 sapta – bodhy – aṅgūni。sapta 是"七"，bodhy 是"觉"，aṅga 是"意思"或者是"项目"。其实，三十七道品里的三十七个项目都可称为觉支（bodhy – aṅga），只不过其他六科都另有自己的名称，没有用觉支这两个字，所以就被第六科独用了。就像我们这个团体里的东方人，都有英文名字，也许其中有人没有英文名字，人们不知该如何称呼，只有称呼他为东方人，似乎东方人变成他一个人，其实东方人并不只是一个人而已。同样的，西方人到了台湾，那些我们叫不出名字的，也都称之为外国人。

二、七个项目

何谓七觉？根据阿含部的《般泥洹经》卷上所示为：

1. 志念觉，2. 法解觉，3. 精进觉，4. 爱喜觉，5. 向觉，6. 惟定觉，7. 行护觉。

七觉支的意义

新译七觉支的七个名词，依次是：念觉支、择法觉支、精进觉支、喜觉支、除觉支、定觉支、舍觉支。根据《阿含经》的排列，一开始就修念觉支的四念住，由四念住而开发智慧；但是在大乘经典里，也有将择法觉支放在第一觉支，第二才是念觉支。将择法觉支放在第一的原因，是先借佛之智慧、佛的正见，来作为行者选择法门的一个标准，知道了何谓善的正法、何谓不善的非正法，然后才开始修行。

七觉支的意义是什么？内容又是什么？以下逐项介绍：

一、念觉支

念觉支，修行道品之时，常念于定与慧均等。

念觉支，就是使心念集中，从散乱心而成集中心，由集中心而成统一心。也就是在修行道品次第时，常常要思惟；思惟，就是观照。而且非常用心地注意它、留心它，留心自己的智慧和禅定是同样的重要。实际上念觉支就是四念处，时时将心专注于禅定和智慧同等重要的状况。

四念处是三十七道品中的第一科，分别为观身、观受、观心、观法等四个项目，其内容是：

（一）观身——身有三十六物，多观其不净

三十六物分为三类：内身十二物，是在身体内，包括肝、胆、肠、胃、脾、肾、心、肺、生脏、熟脏、赤痰、白痰，是眼睛看不到的。外身十二物，是在身体的外部，包括发、毛、爪、齿、眵、泪、涎、唾、屎、尿、垢、汗，用眼睛可以看得到的。身器十二物，是支持身体的皮、肤、血、肉、筋、脉、骨、髓、肪、膏、脑、膜。

（二）观受——受有五种：苦受、乐受、忧受、喜受、舍受，多观苦受

受是身体的直觉，有了直觉之后，心会产生苦、乐、不苦、不乐等各种反应。舒服是乐受，不舒服是苦受，没有什么舒服不舒服的，则是不苦不乐受。对可能发生的苦受，产生忧受；对已发生及未发生的乐受，形成喜受。若以苦苦、行苦、坏苦而言，则诸受无一非苦。

（三）观心——心有五盖：贪欲、瞋恚、掉悔、睡眠、疑，多观其无常

有了受之后，就会有反应，那就是心的活动。对于乐的事，会贪着、追求，希望保留它，不要失去，甚至希望得到更多一些；对于苦及不快乐的事，会瞋恨、讨厌，希望赶快离开它。一个是贪，一个是瞋。

遇到快乐的事，心里很兴奋，遇到不快乐的事，心里很沮丧，便是掉悔；在不苦不乐时，因为无聊没事做，很可能就会打瞌睡，便是睡眠；有时甚至会怀疑自己是快乐或是不快乐，也弄不清楚究竟是真的还是假的，便是疑。若能观知心念刹那生灭，即知心是无常的。

（四）观法——法有五蕴的善、不善，多观其无我

法，主要是指五蕴构成的色心二法，由此衍生出我们对好或不

好、善或不善、有益或无益等虚妄执著，若能清清楚楚知道，万事万物皆由缘起缘灭而有，自性本空，这便是观法无我。

我们很少会想到自己的身体是由三十六物组合起来，只会想到这个身体是"我"，执著于喜欢和不喜欢——我好舒服、我不舒服，我好可爱、我好可恶，我好美、我好丑，我好幸福、我好可怜……很少能真正客观地观察到，身体就是身体，内脏就是内脏，五官就是五官，皮肤筋骨就是皮肤筋骨，那不是我；如果认定身体就是"我"，因此执著身体，那就会有很多烦恼了。

最近有位女士，医生为她检查之后，要她开刀治疗，她很紧张地来见我说："师父，我要进医院开刀，我很怕痛，也怕弄不好可能会死。"

我说："怕痛，会痛得更厉害；怕死，会死得更快一些。开刀时应该这样想：这个身体正在接受治疗，没什么好怕的，如果真会死，怕也没有用；不害怕，生命力便会坚强些，活的机率高一些。"

她听了我的意见，就进医院开刀。开刀之前医生问她要全身麻醉还是半身麻醉，全身麻醉是开刀时没有知觉，手术后恢复得慢一些；而半身麻醉，只是开刀的地方不会痛，但意识清楚，手术后恢复比较快。她因为用了我教她的方法，知道怕也没有用，于是就用半身麻醉，而且一边开刀还一边通过镜子欣赏医师为她开刀的过程。开完刀之后很快就恢复了，之后她来见我说："师父，开刀一点也不可怕，开刀只是医生在开这个身体的刀，跟我没有关系。"这就是用观身的修行法了。

最近我自己也有类似的经验，我到医院检查胃，当胃镜从喉咙插到胃里时，是有点不舒服；但是医师一边检查，我一边在屏幕上清清楚楚看到胃里的状况。我欣赏着这个胃，胃壁是长得怎么样，好像我也跟着镜头在自己的胃里探索。检查过后发现胃里边长了一块小小的息肉，医师拿了个小夹子将息肉拿掉，流了一点血，当时我并没有想到这是我的胃；息肉拿掉后，我也没有感觉到我的胃里曾经被拿掉过什么东西，只是在观这个身体。当时我如果想着这是"我"的胃，"我的胃"被医生夹掉息肉，那么我可能就会紧张了。

观身观成功，就能够清楚地观受；观受观成功，一定能够清楚地观心；观心观成功，一定能够清楚地观法。这就是修行四念处的完成。

二、择法觉支

择法觉支，依智慧简择法之真伪，取真实而舍虚妄。也就是依四圣谛法，如实简择而得道法无漏——简择善法、不善法。

择法，是依据释迦牟尼佛所说的观念和方法，作为基本原则，来简择修行的方法。知道简择，才会知道修行是否正确。如果不知方法和观念的正确或错误，修行不可能离苦得乐，反而会招致更多的烦恼与痛苦。

择法觉支中的法，是指真实法或虚妄法，善法或不善法。善与不善，又分世间及出世间两类。世间的善法是五戒十善，不善法是五逆十恶；出世间的不善法是诸烦恼心，善法是道品次第的解脱法。

此处是指对于出世间的善、不善法，如果能够清楚地了解，辨识离开烦恼的虚妄法，而朝真实的解脱法努力，或者是离开不善法而朝着善法的方向走。依四圣谛法，从愚昧走向智慧，从瞋恨走向慈悲，从执著走向解脱；也即是从世间苦集的有漏因果，转化为出世道灭的无漏因果。如果能够随时如此抉择，就是步步接近解脱的道路。

我们再回过头来看"观身"，如果把身体当成是不变的、真实的，这就是虚妄法，就是恶法。如果已能观照身体，知道这个身体是暂时的现象，认知它不是真实的，便是善法。身体的本身无所谓善或不善，如果执著身体，把幻躯当成是真实的自我，就会形成烦恼。如果运用身体修行三十七道品，肉身便是法身的基础。

"受"也绝非真实，它是非常主观的。譬如身体接受同样的摸触，有时有快感，有时又会感到不舒服，这跟当时的心境有关。心境好时，以苦为乐、苦中作乐、虽苦犹乐。如果心境不好，即使吃喝玩耍，也会认为是在受苦。

"心"是无常的，不管是什么样的心念活动，都是暂时而非永恒的。

"法"是五蕴皆空，因缘有而自性空，任何一法，只要不执著，便都不是我。

我年轻时认识一位朋友，有一次他被一个女孩子打了耳光之后，还高兴了好几天，老是摸着自己的脸说："我终于被她打了一个耳光。"当时我实在没有办法想像，被打了还会那么高兴，是什么道理。他的身体被打痛了，竟然如此快乐，请问：这在择法觉支中，是善还是不善呢？

三、精进觉支

精进觉支，简择真实的正法，专心精进不懈怠，依四正断（四正勤）为着力点。

选择了正确的佛法以及修行的态度之后，才能开始精进修行。否则可能是盲修瞎练，如同盲人骑瞎马，夜半临深渊。最近我到芝加哥演讲，有人问我："修行会不会走火入魔?"我说："会的，这有两个原因：一、没有老师，端凭自己苦修瞎练，当身心有反应时，不知如何处理，或认为那便是开悟；二、遇到的老师本身，就是用盲修瞎练出来的魔法，当然就会入魔了。"

因此，必须要选择正确的修行方法，最好还要有具备正确修行方法的老师来指导，这样才不会有问题。也许有人会问：如果根本不知道谁是正确的老师及正确的修行方法，该怎么办呢? 所以，应该具备对基础佛法的认识。

首先，要了解因果的观念，相信因果的观念之后，就不会做坏事，不会投机取巧，不会不想付出只想得到，因为做了坏事一定会有坏的结果，希望有好结果就要做好事，一定要有这样的因果观念。

其次，要有因缘的观念。一切现象，都是因缘生、因缘灭，都是无常而非永恒，都是空的，没有真正的"我"或"我的"价值在其中。

基本佛学中的"四圣谛"是因果法，"十二因缘"是因缘法及因果法，不可不知。如果了解因果及因缘的道理，就能从佛法的指导中得到智慧，并且依此准则来选择修行的方法以及指导修行的人。

三十七道品前面的四念处、四正勤、四如意足、五根、五力等五科，都是正确的佛法，知道之后就要好好精勤努力地修行。这里的精进觉支似乎与第二科四正勤类似，不过四正勤是针对修四念处而言，而此处则是以四正勤的态度来修以上的五科。因为前五科是从观而修定，观的时候能产生智慧，然而这个智慧很薄弱、不够强，所以要继续修定；修定的同时再修观，修观之后继续加强修定。精进觉支是将前五科一起精进地修，以产生更深的定慧功能。

诸位可能会误解，修行一定要三十七道品逐步修完，其实不然，如果是善根深厚的人，只修四念处也能证阿罗汉果，而得解脱。一般人则还是要从修四念处开始，一科一科依次往上修。七觉支又称七菩提分，是七种可以开悟得解脱的方法，如果尚不得解脱，还有最后一科"八正道"可修。不过，不论是否解脱，多听、多闻、多熏习，没有善根的也会培养出善根，不懂修行的也会修行了。

所谓精进，是指对已在修行的善法，要继续努力修行使其增长，尚未修的善法，要立即开始修；未断的不善法，要赶快使之断除，尚未发生的不善法，从此不让它生起。用这样的方式持续不断地修行，就是精进觉支。

如何发起精进心修行呢？譬如说，发愿从此以后不说坏话，不做坏事，虽然一时之间还没有办法不存坏念头，只要发觉之后马上告诉自己："不要继续再起坏念头"就好了；至于没有做过的坏事、没有说过的坏话，就使之不再增加。

一般人做好事，还是希望得到回馈，这样还不够好，必须更进一步，做任何事不求回馈，因为期待回馈的心，便是烦恼心。得到回馈，就会骄傲欢喜；不见有回馈，就会怨怒瞋恨，这都是烦恼心。

有的人误以为精进是不吃、不喝、不睡、不休息地修行；其实，如果这样拼着命修行，那是着魔了，不是正确的精进。正确的修行是从调饮食、调身心、调呼吸、调睡眠打基础，称为前方便；然后细水长流、绵绵不绝，不紧张、不松懈地修行。因为身心紧张会出问题，懈怠则会一事无成，不能得力；因此，一定要不急不缓，很有毅力、恒久持续地不断努力，这才是正确的精进。

一位修行人在做任何事，都可以用精进心，只要有精进心，就能够安定身心。例如我跟我的侍者说，他为我煮的那种小黄米，有许多是连着壳的，那些小米壳，经常会钻到我的牙缝里，最好将它捡出来。侍者回说："小黄米带不带壳，不容易看得出来。"

于是我就请他把米拿来，让我自己找。就这样，时间一晃就过了一个半小时，虽然找的是一粒一粒带壳的小黄米，其实一颗颗都成了我修行的方法。因为我的心很安定，完全专注在有壳的小黄米上，一逮就是一个，虽然我这个老人的眼力并不好，但逮得还满准的。对我来讲，这一个半小时一下子就过去了，也不觉得累，而且还很喜悦。

中国佛教徒之中流行这样的一句话："学佛一年，佛在眼前；学佛两年，佛在天边；学佛三年，佛在西天。"意思是说，刚学佛时还满精进的，心中有佛、有佛法，觉得真有用。到第二年，觉得要修行成功还早得很，渐渐就懈怠了，所以得到的利益自然不多。等到第三年，反正没有修行，不想修了，心中的佛也就不见了，这就是不精进的缘故。如果有精进心，不论能不能立竿见影地得到成就，每天都会持之以恒地用方法、用观念，这才是叫作精进修行。

昨天有位在家弟子问我："师父，当境界现前时，要用什么方法？"所谓境界，就是使自己烦恼、困扰，掉入各种诱惑、威胁的陷阱中，产生忧愁、恐惧以及悲欢离合等状况。我的回答是："首先要把当前的状况看做是无常；接下来要认清，这些天外飞来的俊男或美女、诱人的钱财及食物，或是有个非常风光显赫的权位等着你，都可能是别人设计好的陷阱和圈套，必须小心远离。"凡是遇到这种状况时，如果观身不净、观受是苦、观心无常、观法无我都不成；只有先观自己的呼吸，向内观照心的反应，能够如此，就有了修行的着力点，不致于一下子就掉进陷阱里去了，这也就是精进。

　　我有几个经验可供诸位参考。当我在日本留学快要完成博士学位时，日本跟台湾断绝邦交，谣传在日本留学的台湾学生，全部要换成中国大陆护照，否则就要被赶出日本；因此使得数以千计的台湾留日学生，人心惶惶，不知怎么办才好。有一位教授很同情我，有一天他介绍一对母女来看我，女孩二十多岁，母亲五十岁左右，见面之后又要我去她们家坐坐，她们家是一座寺院。

　　当天晚上我的教授打电话问我："今天来看你的那对母女，你觉得那个女孩怎么样？"

　　我说："那个女孩很好啊，我准备到她们的寺院去看看。"

　　教授又问："嗯！很好，很好，你知道去做什么吗？"

　　我说："我不知道。"

　　他说："是这样的，那个寺院的住持刚刚过世，现在要招一个和尚女婿，如果找不到和尚女婿，母女俩就要被赶出寺院，他们的大本山会另外派人接管。"

　　日本的和尚是可以结婚的，那对母女对我印象不错，所以希望我去做和尚女婿。

　　当我明白后就跟教授说："谢谢你的关照，可惜我是个中国和尚，我是不能结婚的。"

　　在那样混乱的国际局势之下，如果我接受了这样的安排，除了有身份之外，还有一位太太跟一座寺院。在当时，这是一个很大的诱惑。

　　另外还有两次诱惑，都是要我去做官。台湾在国民党政府的时候，要我担任"国大代表"，我婉拒之后还告诉我说："这不是选的，是政府给的'国大代表'，像于斌枢机主教就是'国大代表'。"第二次是在今年，"行政院"要给我一个相当于政务委员层级的官，好多弟子都来劝我接受，并说："师父，这是佛教的光荣。"我说："阿弥陀佛！我只适合当和尚。"

我不是说做官不好，而是我不适合做官。我做和尚，懂得精进，扮演其他的角色，可能就不一定做得称职了。

四、喜觉支

喜觉支，安住于真实的道法"四念处"及"四正勤"，而有喜悦。

精进修行之后，会产生喜悦的心。因为懂得佛法的观念和方法，可以调整心态，帮助自己不会掉入种种陷阱中受苦难而产生烦恼。例如本来人生观是很消极悲观的，知道佛法之后，就会觉得有无限的希望，很欢喜、很幸运。又例如，当你的心受到刺激而生烦恼，正在痛苦不安的时候，用佛法向内心观照，体验自己的情绪反应，觉察到那些让你痛苦不安的心念，本身是虚幻的、是空的，如此一来，心情就会平静。

所以喜悦有两个原因，一是用观念转变自己，另一是用方法帮助自己。只要认真地用观念，耐心地用方法，而且不要有急切的得失心，自然而然会产生法喜及禅悦的效果。

修行喜觉支，至少可得两种喜悦：

（一）听闻佛法，得法喜：在未听闻佛法之前，有许多的观念不正确，常常跟自己过不去，内心跟内心、内心跟外境，会产生种种的矛盾和冲突。听了佛法所讲的因果、因缘，缘起无常、缘起自性空、空故无我等道理，当然会欢喜。诸位听过"当头棒喝"、"醍醐灌顶"吗？听闻佛法之时，心胸豁然开朗，而有如释重负的感觉，就是法喜。

（二）修行禅定，得禅悦：修行禅定时，身心轻松、平稳、宁静，就会产生一种禅定的喜悦，此时的禅悦，是一种轻安、无累的享受，不是刺激性的兴奋。禅定的层次有"四禅八定"，大略又可归类为集中心、统一心、无心三类，能得集中心及统一心，便得禅悦，亦称定乐；能得无心，即见空性，终得解脱，便是解脱的自在欢喜了。

目前在台湾的法鼓山上，有不少西藏喇嘛前来修学汉传佛法，他们每天都过得很欢喜。他们并不一定打坐，但懂得用佛法来观想、自处处人，便没有困扰的问题了。

反观有些佛教徒，认为生死就是苦，人间是苦海无边，只要未得解脱、未断生死，就当愁眉苦脸、如丧考妣。这真是颠倒！那是对佛法一知半解，并未修持佛法。只要听懂佛法，能用佛法，随时随地都应该是欢欢喜喜的。

五、除觉支

除觉支，又名轻安觉支。由观慧、正念、正精进的喜悦，而得除去身心的粗重，感受到身心的轻利安适。

有了喜悦之后，会产生轻安的反应。轻，是没有重量；安，是平实安稳。轻安，是用禅修的方法来帮助自己、调整身心，渐渐地，身与心的负担都会消失。

修行到了身与心都没有负担的感觉时，可能还知道有环境，风声、雨声、车声、人声等都还听得到，不过已不是对立的，而像是跟自我合而为一的——住在房子里，房子也就是自己；坐在垫子上，垫子就是自己，在这种状况下，一切都是那么的顺利、适意、舒畅、有默契。

六、定觉支

定觉支，心一境性，名为定，便是不昏沉、不散乱，住于四禅定相。

轻安的进一步是禅定，禅定有两类：

（一）小乘的定：没有前念与后念，心止于一，停留在一个念头上，这是次第禅定。从初禅至四禅，四禅含摄八定，乃至进入解脱定。

（二）大乘的定：心可以有念头，但是不受环境状况的影响而有起伏、波动，这是定慧不二的如来禅或祖师禅，也就是中国禅宗所讲的"道在平常日用中"，从知见的导正、智慧的开启，转变了对于事物原有的态度。把世间的颠倒见扭转过来之后，便不会随波逐流，被境界之风卷着走了。这就是定慧均等的工夫。

禅定的修行，若谈到四禅八定、九次第定，似乎听起来很困难；若用中国禅宗的大乘禅定，不论是用话头或默照，只要一念与方法相应，便是相似的心一境性，就得轻安。轻安的程度深，那就是禅定。

心一境性，是指心念反复地停留在某一个心境上。譬如诸位现在正听我说法，很明确、很清楚地在听，什么杂念都没有，没有善恶是非的分别，只是在听，专心听的时候就如同心系一境。因此，禅修者在平常生活中，练习着吃就是吃、喝就是喝、工作就是工作、走路就是走路、休息就是休息，也即是心系一境的意思。

修次第禅定是渐进的、次第的，到了深定之中，连时间及空间感也会消失。这种深的禅定，跟以下的两种状况是不一样的：（一）被人在头上打了一棒，昏厥之后失去知觉，什么都不知道，直到恢复知觉，头脑才开始发生作用。在失去知觉的那一段时间中，头脑没有作用。（二）无梦的熟睡状态，醒来时才发现已过了好几个小时。

以上两种状况，都不是定，因为修定的人出定之后，在一段时间内，身心是非常轻松、快乐，不受刺激、诱惑的影响，会是个有修养的人。但是，在被打击昏厥之后醒过来的人，头脑是不清楚、不舒服的；而熟睡之后醒了的人，体力虽然恢复了，但当被刺激或受诱惑之时，不会因为熟睡之后，人格就更加健全。

七、舍觉支

舍觉支，又名护觉支。舍外境之心，舍一切所缘对象，由住于一直心，而发空慧。舍"善"与"不善"二法，舍"断（远离想）"、"无欲（想）"、"灭（想）"之三界。

禅定是非常好的，但如果贪着禅定的定乐，便是一种执著。一般的人只要有一些禅定的经验，就会经常独自坐着享受定乐。不论从小乘或大乘禅的角度来看，这样的修行就称为"冷水泡石头"，既不能入深定，更不得解脱，因此必须要一层一层地舍。

前面谈过的喜、轻安、定，都是不同层次定乐的享受，可是正确的佛法，是一切外境及心境的执著都要解脱——苦受要解脱、乐受也要解脱，苦、乐、忧、喜，全部都要舍却，才能称为觉支。

舍所缘的境，也要舍能缘的心，此即住于一直心，而发起无我无相的空慧。也就是逐一舍却色心二法的能所二相，舍无可舍之时，便得涅槃解脱。

七觉支中最重要的，就是舍觉支，舍去一切，才能有空慧所证的解脱境现前。从经典来说，舍有舍善、不善的二法，又有舍断、无、灭的三界。

《阿含经》中的七觉支修持及其功用

一、先行修持

具足善根之人，已亲近善知识、闻善法、生净信、正思惟（如实作意），正念正智，具护诸根，具身口意三妙行，修四念处，修七觉支。

这是说，已经具足善根或已亲近善知识的人，必须要听闻善法，生起清净的信心，然后对自己所闻之善法，如实思惟。这是先要具足正念、正智慧，然后保护眼、耳、鼻、舌、身、意六根，勿受色、声、香、味、触、法六尘的污染，便能转身口意三业为三妙行，再从四念处着力修持而进入七觉支的阶段。

善根　许多人都说自己没有善根，烦恼很重，请问在座的诸位，你们算不算是具有善根的人呢？如果你们没有善根，今天怎么会在这里听闻佛法呢？只要有亲近善知识、听闻佛法的意愿和因缘，就是有善根的人了。例如有人偶尔打开收音机，正巧有人在讲佛法，便是因缘来了；也有人在我们禅中心（Chan Center）门前等公汽，因为车子久久不来，就好奇地想看看禅中心究竟是做什么的，进来之后我们给他一份资料，看了觉得还不错，结果下次就来亲近道场。这些人都是有善根的。

过去有一位替我做英语翻译的王明怡居士，他因为头痛而来跟我闻佛法学打坐，半年之后头不痛了，他就死心塌地为我义务做了二十年的口译工作。还有一个例子是，有一位牧师带他的太太来跟我学打坐，他太太上了两堂课之后，便再也不去教堂了，因为我教她的方法，将她二十多年的失眠症治好了。事实上，这都不是我的力量，而是源于他们自己的善根。

还有一位在航空公司服务的地勤人员，有次去日本出差，回来后就高烧不退，医生也看不好。有人跟他说："圣严法师今天要上飞机，你可以请他帮忙。"就在我临上飞机前，他的同事便要我帮他的忙，我就拍了他一下肩膀说："好了，没事的啦！"说完我就上飞机了。结果这位地勤人员真的就退烧了，于是到处替我宣传说："圣严法师真灵啊！我烧了好几个月，被他一拍，就好了。"其实，我不相信自己有此能力，而是他自己的善根因缘。

亲近善知识　"知识"是指与自己有互动、有关系的朋友。朋友有两类：1. 善知识：是对我们有益的善友、益友、净友、良友。儒家所主张的"友直、友谅、友多闻"，也是指的善知识。2. 恶知识：是对我们无益的恶友、损友、劣友、险友。既然无益，为何又要结交如此的朋友呢？那是因为臭味相投，故又被称为狐群狗党。例如赌友、酒友、毒友，都是恶知识。

听闻善法　能够帮助我们祛除烦恼，生起智慧心和慈悲心的方法及观念。没有智慧，会让自己生气、不快乐，也容易受他人影响而起烦恼；没有慈悲，容易使得与我们有互动关系的人不快乐、受伤害。所以，使自己快乐，是智慧；让他人快乐，是慈悲。我们在书本上看到善法，或听到善法之后，如果生起信心，照着实践，对己、对他人，都是很有用的。所以在听闻善法之后，应身体力行、继续实践。

生净信和正思惟 净信，是清净而正确的信心，这有两个原则：一是在观念上具有佛法的正知见，也愿意接受这样的正知见；另一个是在用了佛法之后，从经验上得到利益而生起坚定的信心，这也就是正思惟。就像有一对夫妇，他们同时罹患了癌症，说起来这是很遗憾、很痛苦的事，我知道后在电话中用佛法勉励他们，要他们有愿心、有信心；后来他们两个人病都好了，就发愿在法鼓山美国分会长期做义工。这也是因为他们有善根，所以能亲近善知识、闻善法、生净信、正思惟，他们的例子，就是现身说法的菩萨。

正念正智，具护诸根 正念是与正法相应的心念，正智则是与烦恼不相应的心念。随时随地用正确的佛法，便能少烦少恼；经常以佛法作观照，便是正思惟。

诸根是指眼、耳、鼻、舌、身、意的六根；经典中比喻守护六根，好像乌龟为了保命，必须把头尾四脚藏在壳内。要使六根获得清净，不受六尘污染、刺激、诱惑是很不容易的，所以要经常地全面守护。就像我戴的眼镜，如果要它永远保持干净是很难的，因为经常有各式各样的灰尘、脏东西污染我的眼镜，我必须时常擦拭它、保护它。

过去有位美国青年，跟我学佛十多年，常来参加精进禅修。每次禅修结束，都会有授五戒的仪式，他说他刚打完禅七时，五戒守得都很清净；两个月之后，渐渐地就一条戒、一条戒地破了。然后他就再来打禅七、再授戒，如此一次次地重复着。他问我："破了戒要怎么办呢？"我说："知道破了戒，就要忏悔，有戒可破是菩萨，无戒可破是外道，总比从来都不持戒，不断地做坏事要好得多了。"护诸根，是小心保护六根，并非学佛的人从此就不再犯错，犯了错，忏悔、改过，继续持戒护根就好。

能守护诸根，一定能够用身体、语言、心念来修行善法。能守护诸根的人，修习四念处、七觉支等，便容易得力了。

具善知识、善伴党、善随从；未生之五盖不生，已生之五盖令断，便能修七觉支了。

有了善知识，还要有同修善法的伴侣、精进净信的弟子。跟着具正见、有道心的伴侣，互相勉励、共同学习，使得未生之五盖不要再生起，已生之五盖尽快断除。

五盖主要是在打坐、修禅定以及修七觉支的过程中，所遇到的五种障碍。盖，是指将能开启智慧心和慈悲心的功力盖住了，因为当有贪欲、瞋恚、睡眠、掉悔、疑等五盖生起时，任何善法也无从修了。不论是贪着顺境、瞋恶不顺境，都是修行的心理障碍；昏沉、睡眠使人无法用功；散乱、掉悔使人心不安定；狐疑不信三宝、怀疑自己没有善根，修行便不得力。只要有了五盖中的任何一盖，修行之时，便会发生身心的问题而容易退失道心。

今年春季，在象冈道场的一次禅十修行期间，有一位初次来参加禅修的女教授，在禅堂里很不舒服，熬到第五天时，她开始怀疑自己大概是没有善根的人，不适合来禅修，修了对她也没有用。既然如此，还在这里挣扎什么呢？于是站起身来，准备离开象冈，临走之前，又觉得对不起师父，也对不起佛，于是面向佛像顶礼三拜。可是，当她拜完佛、看到佛像时，身体上的不舒服感竟然全部消失了，抗拒修行的心也没有了。当下她反省到过去这几天，都是由于自己的执著，求好心切，结果愈来愈不能安心；反而在准备放弃之时，因为不再急于追求成效，所以变得轻松起来。于是重新回去打坐，从第六天直到禅十圆满，她愈坐愈好。

闻妙法已，身正、心正，尔时次地修七觉支。

所谓次第修，就是从七觉支的择法、精进、喜、轻安、舍、定、念，一个一个逐次修行。在听闻微妙的佛法之后，就可开始修行七觉支了，但要有正确的身体坐姿，以及正确的心念。

正思惟，未起之七觉支令起，已生之七觉支令增广。

思惟不是思想，而是时时刻刻作观照，清楚知道要照着七觉支的次第修起，精进不懈。尚未修的七觉支，要赶快修；已经修的七觉支，则要继续修，使得力量更强，范围更广。

有食有不食——
七觉分依食而住：于七觉分，逐一如实思惟。
七觉分不食：于七觉分，不逐一如实思惟。

七觉支，可以一个项目一个项目地次第修，名为"依食住"，亦名为"逐一如实思惟"；也可以整体来修七觉支，名为"不食"，亦名为"不逐一如实思惟"。这有点像四念处里的别相念与总相念。别相念，是一个念处一个念处地逐次分别修；总相念，则是在每一个念处内就包括了其他三个念处。所以七觉支的七个项目，可以逐项思惟，也可以只思惟某一个项目，而其他六个项目也都含摄在其中了。

二、七觉支的修习

依远离，依无欲，依灭，向于舍。

远离、无欲、灭，称为三界，依此三界，就能趋向于"舍"了。所以行者首要远离所有障碍修行的人、事、物，否则就无法修行。其次要无欲，修七觉支不仅要离开五欲，心中也要没有想得到什么的欲求。第三要灭，灭除贪、瞋、睡眠、掉悔、疑的五盖烦恼，凡是有烦恼出现时，随时要将它化解。

二十多年前，有位年轻的居士来跟我学禅修，他非常用功，可是他的父母要他结婚，他问我说："师父，我想结婚，但是结婚是不是一种障碍？"

我说："你既然想结婚，还问我做什么？如婚姻对你造成干扰、困扰，就是障碍。如果结婚之后，太太是你的助道因缘，那就是菩萨伴侣而不是障碍。这要看你娶的是怎样的太太了。"

他很高兴地说："对，我娶太太，就是要度一个众生啊！"

　　婚后不久，他又来跟我说："师父，我太太从小是在教会学校读书的，她说如果我愿意去教堂，她将来也会来我们的寺院，我准备把教堂里的人都度过来。"

　　后来他生了孩子又来问我说："师父，佛教徒的小孩要到七岁才能皈依，而基督徒的小孩出生之后，马上就可以受洗。我太太的意思是先让孩子受洗，七岁时再来皈依三宝。"奇怪的是，不但他的太太、小孩，始终没有来过寺院见我，从此之后，连他自己也不见了。他要度众生，结果反被众生度走。

　　其实，结婚并不是坏事，如果在婚前跟太太或先生说好，请对方来皈依三宝，或来参加几期禅修，这样修行就不会变成障碍了。否则好像只有躲到山里出家，才能修七觉支，其实这是错的，不论在家、出家，任何人都能修七觉支的。因为释迦牟尼佛教导的三十七道品，是对僧俗男女四众弟子而讲。在家人要完全远离、无欲、灭贪瞋等五盖，虽是不可能的事，但在修行生活中，随时练习依此三界，便能对身心的安定、观念的调整，产生很大的帮助。

　　七觉分渐次而起，修习满足。

　　如内身身观念住，如是外身、内外身，受、心、法法观念住，当于尔时专心系念不忘，乃至舍觉分亦如是说。如是住者，渐次觉分起，渐次起已，修习满足。佛说此经已，诸比丘闻佛所说，欢喜奉行。

　　经典告诉我们，七觉支如果要修圆满，必须从四念处开始修起，先观身，包括观内身、外身、内外身，也就是观身体的三十六物之后，再依次观受、观心、观法，继续不断、专心不忘，这就是七觉支的念觉分。

念觉分是七觉支中的第七觉支，何以经文此处是放在第一？因为正在修时，定与慧同时要照顾到，四念处重在观慧，是入手工夫。故在经论中也有将念觉支，置于第一觉支的。修完念觉分，再修第二、第三……依次修到第七的舍觉支。每一个觉支都不能离开身、受、心、法四念住，否则便失去着力点。

善知方便修七觉分。

修七觉支一定要很清楚地知道，是从祛除五盖，修四念处观等方法，来调适身心，这叫作善知方便。方便就是用适当的方法，便利在修行过程中，顺畅获益。从佛法的立场来看，凡是用语言、文字来表达的理论观念及方法技巧，都称之为方便。对个同的人、在不同的状况，运用不同的角度和层次，来协助他们获得法益，即是方便。

所谓对症下药，百人各有百病，百病各有千症；即使是同一个人在不同的时间，也会生不同的病，即使是同样的病，也有千变万化的症状。智者会针对病症，给对治的医疗和药物，不能用死方法来治变症，修行七觉支也是一样，就是要善知方便。

佛法也有各种不同的层次，给予不同的方便，这个方便是针对众生的烦恼病而说的法。所以释迦牟尼佛所说的任何一法，全部是方便法。而真实法是不可能用语言文字来表达的，也就是禅宗所讲的直指人心的教外别传，又称为不可思议境界。

不过，请不要把没有原则的随便，误以为是方便。例如有一个早春的下午，我在外面弘化，忘了带御寒的衣物，天气却突然转凉，我觉得很冷，有位好心的男居士愿把他的大衣借给我披。正好旁边有位穿着毛皮大衣的女居士，说她的大衣很暖和，要我换上她的衣服保暖。请问诸位，我能不能穿上那件大衣呢？

不要说我是个和尚，即使是一位男居士，披上一件女人的毛皮大衣，也是很奇怪的事。

方便不是随便，还是应该有它的原则。也许有人会问，如果只有那一件毛皮女大衣，而我又非常冷，不穿就会冻出病来，穿了又不像样，怎么办呢？很幸运，我还没有遇到过这种窘况，让诸位自己去参这个公案吧！不过，在戒律里，是允许比丘在冬天穿兽皮的，但不是女性穿的款式，而且规定必须是自然死亡后的兽皮。

善巧方便，取内心相，摄持外相。

这三句经文的意思是说，修七觉支的时候，要有善巧方便，向内观照心的状况，既已向内观心，心外的种种状况，便已摄归内心。其实只要你的心向内观，即可不受外相的影响；因此今日南传佛教所授的四念处法，即名内观法门，乃以内观摄持外相。

向内观心是"取内心相"，以观心而使身心及环境统一，便是"摄持外相"。外相，并不一定是身体以外的人、事、物，身体的状况也是外相。初修之时，往往要以外相的呼吸，做为心之所依，也就是要有外相，做为所缘境。心安之后，始摄外相的呼吸而内观于受、心、法的苦、无常、无我。

善系心住，知前后升降。

所谓"善系心住"，是指已懂得如何把原本散乱的心念，用方法使之系于一境。就像有一种称为引磬的法器，有一条绳子连系一根金属棒及一根引磬口上，永不离开，相互为用；也像猴子被链条系在桩上，便不会闯祸。心住一境，便能得定。

住是住于一境，而非思前想后的散乱状态，也就是止于一念的定境。不过心住于一境，并不等于日思夜想的迷情，例如曾有位男士听了我说的定境之后，便告诉我说："修定我懂了，只要心里老想着同样的一件事，就是入定了。我也有过这样的经验，当初我在追女朋友时，日日夜夜都思念着她，连茶饭也没有味道，这就算是入定吧？"

当然不是入定，这是男女之间痴情迷恋。爱情的执著，是一种情绪的持续；入定则是轻安心的增长，平静心的持续。所以对爱情会有"意乱情迷"的形容。修定是由集中心而进入统一心的定境，名为系心于一境。

所谓"知前后升降"，是指清楚前一念与后一念的状况，前一念修别相念，后一念转为总相念，是升；前一念修总相念，后一念退为别相念，则为降。前一念总修七觉支，后一念逐一修七觉支，是降；前一念逐一修七觉支，后一念总修七觉支，便是升。若在修定之时，则以昏沉为降、掉举为升，心明为升、心暗为降。

随时对治。
于心微劣犹豫时、于心掉举犹豫时，合法适时修七觉分。

知道前后升降的状况，就要随时随地对治"微劣犹豫"及"掉举犹豫"的两种状况，才能如法而适时地修七觉支。佛经告诉我们，在心念微劣犹豫、提不起劲时，或是在心念掉举犹豫、浮动不安时，应该及时用方法来调理，才能顺利修行七觉支。

犹豫，是对自己、对方法没有坚决的信心；微劣的状态，是心力不够，或者体力不济；掉举的状态，是身心浮躁、忽升忽降。

三、修持七觉支的功德

生病时治病。

对治贪欲、瞋恚、睡眠、掉悔、疑等五盖。

能作大明、能作目，增长智慧，转趣涅槃。

善积聚、成不退转，令众生清净，离诸烦恼。

得心解脱、慧解脱，四种圣果、七种福利。

对治七使。

贪欲使者，念觉意治之。瞋恚使者，法觉意治之。邪见使者，精进觉意治之。欲世间使者，喜觉意治之。骄慢使者，猗觉意治之。疑使者，定觉意治之。无明使者，护觉意治之。

由经文中得知，修行七觉支可以治疗我们的身心诸病，而得身心的健康。因为修七觉支的调心，必先调身、调睡眠、调呼吸、调饮食，所以既能治烦恼诸病，也必能有益四大色身的调和。

大乘经论中的七觉支

大乘和小乘不同的地方，是在于大乘重视生活，重视人与人之间的互动关系，小乘则比较重视个别的出离行。因为我是大乘禅法的传承者与修行者，所以在讲《阿含经》的七觉支时，已将大乘的精神涵融于其中。接下来便来看在汉译的大乘经典中，对七觉支的讲述。

一、《维摩经》卷中《问疾品》

虽行七觉分，而分别佛之智慧，是菩萨行。

意思是说，虽然修行小乘的七觉支，可是不要被小乘法所限制，应该了解、认知、体会佛的广大智慧，用这种态度来修行七觉支，那便是大乘的菩萨行。佛的智慧，包括佛智、不思议智、不可称智、大乘广智、无等无伦最上胜智，做为一个菩萨，就要学习用佛的智慧，来看所有的人事物，能够如此，虽然自己还不是佛，但是心量与佛是相应的。

　　小乘修七觉支的目的，是令行者自己能从烦恼得解脱，其他的人是否解脱，端赖各人的因缘善根。但对大乘的菩萨行者而言，是以成就国土、利益众生为目的，所以要说："自己未度先度人，正是菩萨初发心。"菩萨修行七觉支，是为了利益众生。例如让大家都有自由之时，我们的自由便不会受到阻碍；让大家都能有安定的生活，我们的生活一定没有问题；以利益他人来保障自己的利益，是最可靠最安全的。所以大乘佛教是不管一切众生是否有善根来修行，都应该要努力促成他们见到佛性。

二、龙树《大智度论》卷一九

　　菩萨于一切法，不忆不念，是名念觉分。

　　意思是说，大乘菩萨于一切法，既不回忆、也不系念，是七觉支中的"念觉支"。所谓"一切法"，在经论中有许多的表达方式，基本是指佛说的法聚及法义，在法聚的三藏十二部及法义的四谛、三学、三十七道品、解脱道、菩萨道之中，又说了色心二法：五蕴、十二处、十八界法，以及有为无为、有漏无漏法、世间出世间法，乃至《唯识论》所说的五位一百法等。

　　大乘的菩萨在修念觉支的时候，对这些"法"是不忆、不念的。不像小乘的念觉支，是观照四念处的身、受、心、法，那是有所忆念的。此处的不忆不念，即是于念而无念，顿断对一切法的攀缘心及依赖心，犹如禅宗菩提达摩所说的"理入"和"绝观"，直入不思议的空、无相、无愿的三解脱门。

一切法中，求索善法、不善法、无记法，不可得，是名择法觉分。

在《阿含经》中的择法觉支，是简择善法及不善法而为择法的功用。大乘的择法觉支，是从直体诸法自性空的角度切入，一切法既然都是自性空，哪里还有善、不善、无记可供简择呢？

小乘所讲的择法，是指用佛之教法，包括法聚及法义作为标准，来审思简别，确定哪些是佛所说善法、不善法、无记法，当依善法修行，舍却不善法及无记法。但《大智度论》讲的，就不一样了，凡有分别善与不善，仍旧落于法的执著。

对于凡夫及小乘而言，必定有善、不善、无记的三法之别。例如曾有位年轻人在结婚的蜜月过后来见我，我问他新婚的太太好不好？他说："在结婚之前，我认为她样样都好，结婚一个月后，我也说不上来她究竟是有多好或有多不好。"

另有一个女孩子结婚一段时间后，就来跟我抱怨说："算命的人真是骗人，当初凭八字算命说，结婚之后一定会很好。我先生在婚前对我百依百顺，要什么有什么，婚后就原形毕露，渐渐地，他的狐狸尾巴都露出来了。"

我告诉他们的方法是，结婚就是结婚，结婚之后要彼此适应，彼此包容。人，怎么可能十全十美？这世界上没有完美的男人或女人，只有用自己的智慧心及慈悲心去适应，用平常心来看一切事物，便没有什么好或不好的问题。有的情人就是喜欢被他所爱的人轻轻地打、俏俏地骂，认为打是情、骂是爱，不打不骂似乎就是不关心了，这究竟是好还是不好呢？恐怕是因人而异了。

只要自己的心态改变，环境也会跟着改变，世界上没有真正绝对的好与坏。这并不是说世界上没有善人与恶人，而是自己的心，不受善与恶的影响，不会因为情绪波动，而生烦恼，如果能用智慧来处理事，以慈悲来关心人，也就不见有常人所说的善、不善法了。

在我们纽约的禅中心，也常常会发生这样的情况：有些中国人的家庭，老人家是信佛的，过世之后，留下了破旧的佛经、佛菩萨像、录音带、佛书，但是他们的儿子媳妇不信佛，也不先向我们问一声，就把这些东西送来了。常常按了门铃之后，就把好几箱东西往门口一放，掉头就走，等到我们开门之后，要找他们也找不到了。请问：那些是善人还是恶人？这是好事还是坏事？不论如何，我们生气也没有用，还是要妥善处理比较重要。

不入三界，破坏诸界相，是名精进觉分。

此处的三界，可能是指不入远离、无欲、灭的三界，而能破坏诸界之相。但我们亦可解为：不进入欲、色、无色的三界，确能破坏三界的生死尘劳相，便是菩萨所修的精进觉支。小乘人是从三界的生死尘劳网中，精进修行七觉支，才能出离三界。大乘菩萨，虽然处身三界，不见有三界相，所以等于未入三界，已破界内及界外的一切相。

于一切作法，不生着乐，忧喜相坏故，是名喜觉分。

意思是说，大乘菩萨修行喜觉支时，于一切的缘生诸法，知是空无自性的，所以不会生起爱乐的执著之心，也是因为菩萨观照诸法空相，对一切法，亦不起或忧或喜的心理现象。即是以平常心，面对一切因缘法，所以不起贪着、欲乐的心，也就不致有忧虑、喜悦的心，这才是喜觉分。这与《阿含经》所见喜觉支的修行态度，是不相同的。

　　于一切法中，除心缘，不可得故，是名除（轻安）觉分。

意思是说，大乘菩萨修行除（轻安）觉支时，顿观一切法的空性之中，心念是没有落脚处的。既无心的落脚之处，也就没有心的所缘境可除去；没有心的对象，也就没有心念可得，也就没有身心的负担，这便是轻安。其实这是以如实的智慧观照一切法，无一物可获得，亦无一物可舍除，才是绝对的轻安。

　　知一切法常定相，不乱不定，是名定觉分。

意思是说，大乘菩萨在修定觉支时，觉知一切法，恒常是定相的本身，既然常在定相中，所以也无乱心及定心的心相分别可得，才是绝对的定相。若以此与小乘定的心一境性，乃是从散乱、集中、而统一的次第禅定相比，是很不相同的。

　　这也跟《法华经》所说的"法住法位，世间相常住"相同。一切法相，即是本相、实相，一切法虽各有各的位置，而其实相本空，如如不动，永远相同。这是用空慧来照见世间的一切现象，五蕴法皆空：一切现象的自性本空，所以从来不乱，亦不必有定，才是菩萨的大定。

于一切法，不着、不依止，亦不见是舍心，是名舍觉分。

意思是说，大乘菩萨在修舍觉支时，于一切法上，由于照见诸法自性本空，因此既不执著，也不依赖，所以也没有舍心可见，无一物可舍，才是真舍。

小乘的舍觉支，是修禅定的必备条件；修次第禅定，必须舍不善法而进取更上一层的善法，必须一层又一层地把所经验到的禅定相舍弃，最后才得解脱。大乘的舍觉支是直下观照——没有能舍的心，没有所舍的境，实际上就是照见诸法自性本空，所以不必舍一切法，只要不执著一切法、不依止一切，当下便得大解脱。

三、天台智顗的《法界次第初门》卷中

择法觉分——智慧观诸法时，善能简别真伪，不谬取诸虚伪法。

精进觉分——精进修诸道法时，善能觉了不谬，行于无益之苦行，常勤心在真法中行。

喜觉分——若心得法喜，善能觉了此喜不依颠倒之法而生，欢喜住真法喜。

除觉分——若断除诸见烦恼之时，善能觉了除诸虚伪，不损真正善根。

舍觉分——若舍所见念着之境时，善能觉了所舍之境，虚伪不

实，永不追忆。

定觉分——若发诸禅定之时，善能觉了诸禅虚假，不生见爱妄想。

念觉分——若修出世道时，善能觉了常定慧均平。

若心沉没，当念用择法精进喜等，三觉分察起，若心浮动，当念用除舍定等三分摄，故念觉常在二盈之间，调和中适。

本文于 2002 年 4 月 28 日，5 月 12、19 日，11 月 3、10、17、24 日，12 月 8 日，共 8 个场次，讲于美国纽约东初禅寺，姚世庄居士整理录音带，由我亲手删增，成稿于 2003 年 7 月 7 日，时锡于纽约象冈道场。

9. 八正道讲记

不论是福报大小，任何一个人，到最后都无法避免死亡。八正道就是帮助我们解脱这两大问题的方法：一是如何度过种种的困难而不自扰扰人；二是面临死亡时，不会恐惧、害怕、无奈。

何谓八正道

八正道（āryāstāngika – mārga）的八个条目为：正见、正思惟、正语、正业、正命、正精进、正念、正定，是基本的佛法，乃是四圣谛中灭苦的道圣谛，指的是如何使烦恼的众生，从苦恼和痛苦中出离。

出离就是解脱，一般人在生活中，有的是心理的苦恼，有的则是在观念上的挣扎。多数人以为心理和观念似乎是相同的，其实并不相同。观念上的挣扎，是一种思想；心理上的困惑，则是一种情绪。思想可以用理论及逻辑来说明解释，所以在观念上，往往属于理性的挣扎；而情绪则是心理的活动，它不属于理性，是一种感情的挣扎。

八正道就是要解决我们人类的这两种困扰：一是思想的、观念的，另一个则是心理的、情绪的。

八正道的前两个项目"正见"及"正思惟"，主要是处理和解决观念及思想上的颠倒，从困扰中获得解脱。至于其余六项，是处理心理上、生活上的一切烦恼。能够从这两类的烦恼得到解脱，就是出离三界，证得阿罗汉果了。

八正道的地位

八正道为三十七道品的七科之一，也是声闻出世道品次第中的第七科。前六科是以四念处（又名四念住）修观慧、修禅定，配合四圣谛，次第证声闻道品。第七科八正道是依四圣谛的正见、正思惟，实践身、语、意的清净无染行，精进于正念及正定而超凡入圣，故又名为八圣道、八圣道分、八支圣道、八贤圣道、八正圣道、八正圣路、八正法、八正路、八直道、八品道，亦即是求趣涅槃的八种道支（品）。

所谓声闻的道品次第，就是初果须陀洹、二果斯陀含、三果阿那含、四果阿罗汉。八正道是根据四圣谛而得正见，正见则是以四圣谛来看此人生，从苦及烦恼而得解脱的快乐；正思惟，是很正确地作意，真正而如实地认知，并与无漏的慧学相应。然后实践身清净、口清净，语言以及身体的行为不再惹起烦恼，而得清净心，此中包括了八正道的正语、正业、正命等三个项目。

接着要以精进的心来修行四念处，从四念处而修习正确的观慧。有了四念处来配合四圣谛，必定可以得到无漏的智慧而得解脱。依循八正道，能使充满烦恼的凡夫，转变为具有甚深智慧的圣者，也就是"所作已办，不受后有"的阿罗汉。

八正道，也是求得涅槃的八种修道条件。涅槃又称寂灭，寂灭是不生不死、解脱生死，从此不再受三界中的流转生死之苦。所以世尊成道后，初度五比丘，所转的四谛法轮，主要就是讲生老病死的苦（果）、苦集（因）、苦灭（涅槃）、灭苦之道（八正道）。

八正道是舍苦乐二边的中道行

《中阿含经卷五六·晡利多品·罗摩经第三》有云：

五比丘，当知有二边行，诸为道者所不当学：一曰着欲乐下贱业凡人所行，二曰自烦自苦，非贤圣求法，无义相应。五比丘，舍此二边，有取中道，成明成智，成就于定，而得自在，趣智趣觉，趣于涅槃；谓八正道，正见，乃至正定，是谓为八。

根据这段释迦牟尼佛在《罗摩经》里所说的经文，说明世间有乐行与苦行这二种边行，不在这一边就是在那一边，然而此二边行都不是修行解脱道之方法。兹介绍二边行如下：

乐行　在古印度有一类思想，佛经中称为顺世外道，是唯物论的快乐主义派，认为人生在世间的目的就是为了享受而追求快乐。快乐主要是从眼、耳、鼻、舌、身五根而得；看到的是美色，听到的是妙音，闻到的是好香，尝到的是美味，触受到的则是柔软、细滑、轻松。生而为人的价值，就是要享受五欲，否则死后还归地水火风的四大，不再有未来生；若不享乐，便失去做人的意义。但是要满足五欲是永远不可能的，正所谓欲无止尽，带来的结果还是烦恼，而非真正的快乐。例如历史上有些君王，过着穷极奢华的生活，不仅仅享受物质欲、权力欲，也享受了名望欲；可是享受愈多，接踵而至的冲突、麻烦也愈多，下场也就愈悲惨。这是凡夫，而非圣人的行为。

苦行 为了希望从烦恼得解脱，认为一定先要让自己受苦，受的苦愈多，烦恼就愈轻，以为苦受够之后就可得解脱。佛经里记载，在释迦牟尼佛时代有些苦行外道，为了求生天而修苦行，或以草为衣，或以树皮、树叶为服；或只吃草木、花果、牛粪、油滓；或一日、二日、三日一食；或以尘土荆棘加身；或者投渊、赴火、常翘一脚、五热炙身；或常卧于灰土、荆棘、恶草、牛粪之上；受持牛戒、狗戒、鸡戒、鸮戒；经常以灰涂身，或将自己的身体埋于地下，唯露一头面在外；或者每天有若干时间浸在水中；或者每天花几小时将自己的两只脚倒吊在树上，希望以此等修行而得生天。过去在中国大陆曾看到有人在夏天穿了很厚的棉袄，到冬天则每天赤脚在冰雪中行走；在台湾省也曾看到有人每天对着强烈的阳光睁眼看两三个小时，他们认为受苦愈多，罪业也消得愈多。

其实像这样的苦行是不可能得解脱的，因为这是属于"邪见"及"戒禁取见"的欲乐行及自苦行，均非正道，亦非中道。苦行往往会被认为是精进修行，但是释迦牟尼佛说，以苦为因，得到的是苦的结果。烦恼是在心，并非让身体受苦之后，烦恼就会消失。佛说修道要修中道行，中道是不苦也不乐；佛法的修行者既不是为贪求欲乐之享受，但也不许自苦其身心。人的基本生活是必须的，如果刻苦得不穿衣、不居舍，学水中的鱼虾、林中的鸟兽，这都不是佛法。

八正道是不苦、不乐的中道行，是灭苦的道圣谛。生、老、病、死是生命本身的过程，是苦的结果，所以称之为"苦苦"。凡夫在人生的过程中，欲界有五欲的欲乐，色界、无色界有禅定的定乐，但这都是暂时的乐，无法永远保持不变或者不消失，所以称之为坏苦。如果修行八正道，就可以从烦恼、生死永得解脱，也就是从苦苦及坏苦中得解脱，而到达圣人的层次，以寂灭为乐。

释迦牟尼佛并不否定世间的现法乐，但是欲乐的时间很短，是暂时的；定乐的时间虽然较长，但也是无常的。因为进入再深的定也会出定，当定力退失时，定乐便会渐渐消失。最好的乐是解脱乐，从此以后不会再与自己的观念起冲突，也不会再与自己的情绪起冲突，自己的前念与后念不会矛盾，外在的环境不可能影响到内心。因为心很清楚地知道外在的环境，只是一个现象而已，跟自己没有一定的关系。此时已经没有自私自利的自我中心的执著，能够不受环境状况的影响，也不受身体状况的影响，这叫作解脱乐。

例如：当释迦牟尼佛知道他的父亲过世后，回到故乡处理父亲的后事，甚至为父亲抬棺送葬。佛是个大解脱的人，可是他还是一个人，父亲也还是他的父亲，应该尽人子之责。但因为已是圆满的觉者，所以不会因为父丧而悲伤，而且他的父亲虽然未得解脱，可是已经听到佛法，将来必定会得解脱的，这便是悟道者的标准典范。

八正道的定义

《中阿含经卷七·舍梨子相应品·分别圣谛经第十一》云："云何苦灭道圣谛？谓正见、正志、正语、正业、正命、正方便、正念、正定。"

依据《中阿含经卷七·舍梨子相应品·分别圣谛经第十一》对解说八正道的共同基本句型是："念苦是苦时，习是习、灭是灭。念道是道时，或观本所作，或学念诸行，或见诸行灾患，或见涅槃止息，或无着念，观善心解脱时。"下接八正道的各项道品内容：

正见："于中择、遍择、决择择，法视、遍视，观察明达。"

正志："于中心伺、遍伺、随顺伺、可念则念，可望则望。"

正语："于中除口四妙行，诸余口恶行，远离除断，不行不作，不合不会。"

正业："于中除身三妙行，诸余身恶行，远离除断，不行不作，不合不会。"

正命："于中非无理求，不以多欲无厌足，不为种种伎术咒说邪命活。但以法求衣，不以非法；亦以法求食、床座，不以非法。"

正方便："于中若有精进方便，一向精勤求，有力趣向，专着不舍，亦不衰退，正伏其心。"

正念："于中若心顺念，背不向念，念遍、念忆、复忆心正不忘，心之所应。"

正定："于中若心住，禅住、顺住，不乱不散，摄止正定。"

又说："过去时，是苦灭道圣谛，未来现在时，是苦灭道圣谛。真谛不虚。"

从经文得知，八正道的每一道品的基础与宗旨是相同的，那就是：（一）系念、忆念，念四圣谛法。（二）观行，观本来所作所为，学习着依四谛法而修行；在修行过程中，得以发现种种过失灾患，也从修行四谛法而达成止息烦恼，得入涅槃解脱，它的要领是当"无（执）着（的心）念"、"观（上）善（的）心解脱"。

基于这样的共同性，来逐条修习八正道的各项道品：正见的重点在于依如上的四圣谛等共同原则而做抉择；正志是依共同原则而修伺（思惟）的念和望；正语是离四种口过；正业是离三种身过；正命是不依咒术等作为活命行业；正方便是学到修行方法之后，应当一向精进，专着不舍；正念是心顺念、念遍、念忆、忆心正不忘失；正定是心住，不乱不散，其实就是由依四圣谛等修住心而得解脱。

另外依据《杂阿含经卷二八》的第七八五经，佛陀说明八正道的八个道品的共通性，有两项宗旨，那就是"世俗有漏、有取，向于善趣"以及"圣出世间无漏，不取、正尽、苦转，向苦边"。观其内容，所谓"世俗有漏"的八正道，即是与有漏作意相应的八正道；所谓"圣出世间无漏"，即是能依无漏正见、思惟无漏四圣谛境，与无漏作意相应的八正道。例如正见的世俗有漏是："苦，彼见，有施有说，乃至知世间有阿罗汉，不受后有。"正见的圣出世间无漏是："圣弟子，苦、苦思惟，集灭道、道思惟，无漏思惟，相应于法选择，分别推求，觉知黠慧，开觉观察。"又如正念的世俗有漏是："若念、随念、重念、忆念，不妄不虚。"正念的圣出世间无漏是："圣弟子，苦、苦思惟，集灭道、道思惟，无漏思惟相应。若念、随念、重念、忆念，不妄不虚。"再如正定的世俗有漏是："心住，不乱不动，摄受寂止，三昧一心。"正定的圣出世间无漏是："圣弟子，苦、苦思惟，集灭道、道思惟，无漏思惟，相应心法，住不乱不散，摄受寂止，三昧一心。"

于经文所见，《杂阿含经》的八正道，分为两个层次：一个是凡夫弟子所修，一个是圣弟子所修。凡夫弟子信有布施、有说法、有阿罗汉、有出离觉、有正语、有离身三恶行，有如法不如法的生活方式，有精进方便行，有不妄不虚念，有心住于不乱不散的定境，都是与有漏思惟（作意）相应的。至于圣弟子，是已证初果至四果的有学及无学人，是直接以思惟无漏的四圣谛来配合八正道，所以是与无漏思惟（作意）相应的。

修行八正道，多是由凡夫的世俗有漏，而进入出世间无漏的。以下就用这样的角度，来解说八正道的道品次第。

八正道的内容

一、正见

正见，又名"谛见"。

正见便是见苦是苦、见习（集）是习、见灭是灭、见道是道。苦、习是世间因果，即是十二因缘的流转；灭、道是出世间因果，即是十二因缘的还灭。

正见肯定世间因果，便是见有布施、有斋戒、有咒说、有善恶业因、有善恶果报、有此世彼世、有父母。便是见有世间之真人往至善处，见善去、善向。

正见认知出世间因果，便是见于此世彼世而得成就涅槃，自知、自觉、自作证。如此见于世间及出世间的因果法，便是如实知见。所以依正见而先得"法住智"（对因果缘起的决定智）及"涅槃智"。

正见，就是依四圣谛而得的知见，即是正确的看法，故又称为"谛见"，因为谛就是如实和真实。正见与不正见是相对的，不正见，又名邪见或颠倒见。唯有与无漏智慧相应的空、无常、无我是正见。

每一个人几乎都有自己的看法与想法，对自己的观点非常执著，认为自己的意见是最正确的，例如哲学家们为了思想、为了意见，可以与人争得面红耳赤。其实，任何人的想法都不可能是真理，有的根本就没有道理，但却把自己的执著，认为是真理，这便是颠倒见。大的颠倒见会引发宗教思想及政治思想的冲突，小的颠倒见则在家庭、夫妻、朋友同事之间造成不和。

修八正道能从苦苦、坏苦，而得究竟解脱之乐。一般人知道的乐，是因六根的官能受到六尘的刺激之后，会觉得兴奋、快乐；或者是因释放、发泄而舒解身心的压力所得到的快感。另一类精神品质高的人，则能体验到离开观念的苦、心理的苦、精神层面的苦，获得禅定的乐以及解脱的乐；至于谁是精神品质高的人呢？凡是愿意接受八正道的人就是。

释迦牟尼佛成道之后，最早为五位比丘弟子说的，就是苦、集、灭、道四圣谛，由四圣谛可以知道我们所住的这个世间，本身就是个苦的事实。今天有位女众菩萨一边流泪一边告诉我说，她九十二岁的母亲往生了，心里很难过，我安慰她说这已经是高寿了，可是因为是自己的亲人，即使活得再长久，也是会舍不得的，这就是爱别离苦。又曾有一位电台记者访问我，他看到我在传记里写着，当我回到俗家时，发现父母均已去世，面对他们的墓碑时，我流下了泪，他问我说："您是圣僧，怎么也会流泪呢？"我说："我是凡夫，不是圣僧。父母就是父母，父母往生时我都不在他们的身边，回去看到的只是他们的墓碑，对父母的感情，一时间都涌现在脑海里。无法报答父母恩，我怎么能不流泪呢？"这让我体会到爱别离苦，这就是一个苦的事实。

苦从何而来？必定有它的原因，我们从无量世以来造了种种的业，受种种的果报，受果报的同时，又在造业，凡是造业就称之为

"集";凡是受果报的，便称之为"苦"。苦的事实，是因为有苦的原因，但是凡夫非常愚痴，为了逃避苦的原因，为了追求快乐的结果，往往制造出更多不快乐的原因，这也就是"集"。如何从苦的事实得到解脱？必须要"灭"苦，例如锅底正在用柴或炭在烧火，如果要灭掉火，必须釜底抽薪将柴火或炭拿掉，这样就不会制造更多苦的原因。就如同有人犯了法，判刑关在牢房里，本来刑期坐满之后就可以出狱；结果在牢里又犯法，甚至还逃狱，逃狱时又再犯罪，于是再度被抓进牢里时就被判双重的罪刑。因此，逃避果报是错误的，减少制造让自己受苦的原因才是正确、可靠的，所以要断集之后才能灭苦。

但是，要灭苦、断集，并不是从此以后不做坏事就不受苦报，因为从无始以来造的种种恶业，变成了习惯，心里虽然知道要不做坏事、不说坏话，却因为习性使然，而口造业，身体也会犯罪。所以要用修道的方法来规范身、口、意三种行为，才真正能够灭苦、断集。

知道苦是由苦集而来，就会知道必须在修道之后才能够灭苦，修道能生智慧而离烦恼，灭苦便是从烦恼开始灭起。一切烦恼的总称是无明，那是因为智慧的光明被无明的烦恼所掩盖、障碍；当灭了无明烦恼之后，便灭了往后的生死轮回之苦，这是生死还灭，即得解脱。

修道的目的，是要从苦得解脱；修道的方法首先要以持戒来约束我们身、口行为。譬如伤害人会制造苦的因，要断苦必须持戒，持戒要先从语言以及身体行为两方面去努力。可是，仅仅语言和身体不伤人，并不代表心就不起烦恼，要如何调心，就要让心随时随地都保持平静，不受身体及环境的影响，而产生痛苦的反应。我看到许多持戒清净的人，虽然不做坏事，可是心里还是会有坏念头，烦恼仍然很重。如何能使得心念经常保持平静，那就是要修定。因为虽然持戒清净，但由于没有修定，即使身、口不犯过失，心念还有烦恼。因此，除了要修正语、正业、正命，还必须要以正精进来修炼与正见、正思惟、正念相应的正定。

八正道中最重要的部分就是正见，必须以正见作为基础，修行其他的七个项目时，才能清楚地知道什么是真正的正道。就像夜间在山路开车，没有车灯或地图时，也许碰巧能到达目的地，但是这种机会并不多。正见，就是车灯、就是地图，能够让人平安、安全、正确、快速而顺利地到达解脱的目的地。

具备正见，能让我们知道修道能离苦而得解脱；如果不知道我们赖以生存的环境以及种种身心的状况就是苦果，那就不可能修行了。

首先要认知，凡事有因、有缘，苦能集，苦也能灭，苦集和苦灭，都是从因缘而产生的因果，其中又包含世间苦的因和果，以及出世间解脱苦的因和果。世间的苦因、苦果，是苦集；出世间的苦因、苦果，则是苦灭。不知道苦集、灭苦的人是愚痴的凡夫，已悟知苦集、苦灭的人是有智慧的圣者。知苦集就是"法住智"，证苦灭则是"涅槃智"。法住智是指如实了解十二缘起法的智慧；涅槃智是能够灭苦的智慧，这是在修道之后才能证得的解脱智。正见，就是以法住智，知道因为有因、有缘，所以有苦，必须要如法修行，修成之后才能证涅槃智而得解脱。

1989 年我到印度朝圣，当到达释迦牟尼佛悟道处的菩提伽耶，看到纪念大梵天王请佛说法的那根高大的石柱时，不禁流着眼泪跪在石柱前感恩。在我背后有位信众奇怪地问我："师父，您的感情这么脆弱，看到一根石柱也会哭啊？"其实我是感恩佛在此说法，如果释迦牟尼佛成佛之后没有说法，那么如今我们就听不到佛法，也没有机会用佛法来帮助自己了，所以当时非常感动、非常感恩。

1977年，我的师父东初老人圆寂，当我在美国接到台湾的电话时，马上流下眼泪，我知道从此以后我没有师父了。对恩人、对父母、对老师、对儿女、对学生，对于生老病死，是什么就是什么，这也是智慧。而不是说反正都是无常的、无我的、空的，还要感什么恩、尽什么责？如果这么想，那便不是智慧，而是愚痴了。因此，以正见而言，人与人之间的关系是非常清楚的，有责任、义务，在时间的前后关系中，从过去到现在、未来，只要未得解脱，三世因果确定是有的，否定它，即是外道的邪见；肯定它，就是正见。

人们都害怕、恐惧死亡以及各种危机，担心死后不知往何处去？在生之时又不知何时会有危险降临？譬如当亚洲流行SARS期间，大家都非常害怕被感染，于是美国的东初禅寺采取预防措施，凡是从东方的中国大陆、台湾、香港等地区来的人，都请他们暂时不要进入寺内。当时有一位杂志记者采访我时问道："遇到恐惧时怎么办？如何才能不恐惧？"我就以SARS来作比喻，知道这种病是会传染的，如果身处这样的环境中，就要预防，而非徒然地恐惧、紧张，这就是智慧。如果不做好预防工作，光是害怕、恐惧，那是没有用的。

当时我刚从莫斯科指导禅修回到东初禅寺，有一位居士看到我非常疲倦，就很担心地说："师父，您的身体这么弱，台湾又正流行SARS，七月份时您还要回去吗？"他的意思是说我的年纪大，免疫系统又差，碰到传染病时的死亡率较高。所以我也对那位访问我的记者说："有一段时间，全世界发生空难的机率频繁，有人劝我最好不要出门。但是我说，假如我应该死亡，上飞机不是正好赶上吗？如果还临不到我死，上了飞机也不会有事！"如果我的任务已了，任何时间都可以走；如果业障未了，还需要我受罪、受苦、受难，大概就要多活几年了。

因此，得正见，学佛法，首先要具备"法住智"。没有法住智，就想追求无我，追求空，追求灭苦得道的"涅槃智"，这是有问题的。凡是不相信世间的因果，还想去追求出世的因果，这是颠倒。所以务必得记得两句话："未得解脱，先尽责任；尚未成佛，先做好人。"先要深信世间因果，把生而为人的本身做好，这就是法住智。涅槃智是目标，法住智则是修行的过程。当我们修行了自知、自觉、自作证，而晓得"所作已办，不受后有"，应该做的全部都已做好，具足了法住智，才能得到涅槃智。有了涅槃智，仍须有法住智来广度众生。

自作证，就是证明自己已经彻底了悟生命的事实，是从因缘而生，又从因缘而灭。生灭，有一期生灭及刹那生灭。一期生灭，是从母亲怀胎具有生命开始，直到死亡结束为止；刹那生灭，包括我们的心念，以及身体的细胞组织，在极短时间之中，都是刹那生灭，所以人既会成长，也会衰老。例如两年前，我赞叹一位老太太会背《楞严咒》，她说这是小事情，年轻时就会背了；一年前我去看她，她背不出《楞严咒》，只能背《大悲咒》了；今年春天再去看她时，连《大悲咒》也背不出来，只会背《往生咒》了。下次再去看她，她大概只会念一句"阿弥陀佛"了，最后必然是由衰老而死亡，这便是因刹那生灭而进入一期生灭。

涅槃智原则上是灭一期生灭，但并不是只有当下的一期生灭，而是从此以后就不生不灭了。并且是在未死之前，已经实证到、体验到任何一种现象，不论是身体现象、心理现象、环境自然现象，以及社会现象的自性，都是不生不灭的。如果不是每一刹那都在即生即灭，我们根本就不存在了；然其每一生灭现象的自性是空的，所以也是不生不灭的，所以当下就是实证涅槃智了。

二、正志

正志，又名正思惟、正思、正分别、正觉，或名"谛念"。

正志，有"伺"、"念"、"望"的功能，也就是在具备正见之后，进一步作意思惟正见所见的四谛。对正见所见的，作更深入的正确观照。

正见是从闻法而来的增上慧学；正志是从作意审思而来的增上慧学。看到一切是苦、是无常、是无我，因而对于名利、权势、恩怨，都能放得下了；从无我的正思惟中，趣向于离欲离执而出世间，便是如实作意的"谛念"。

所有一切现象，主要都来自于我们的身体以及我们的心念。身体的感觉有时似乎能带来快乐，其实有身体便是一桩苦事、一种负担，因为身体并不一定完全能接受自心的指挥及控制，它会生病，并且会产生种种生理上的反应，这不是自己所能掌控的。压制反应，是件苦事；不能压制，又会制造其他苦的原因。所以要观身体是一种无常的现象，会带来苦的事实。苦，是心理的感受，如果很清楚观察到我们的身心是无常的、是空的，这就与无漏的智慧相应了。

知道有苦、有无常，那是正见，之后，必须能够无常、无我、空，才能够离苦。我认识一个人，最近他觉得自己的生命已经没有什么希望了，随时都可能死亡，既然迟早会死，不如自杀算了。他虽然知道苦和无常的观念，但是觉得很痛苦，以为自杀就没事了。

像上述这样的人是否有正见和正思惟呢？在观念上、理论上他知道，无常应该就是无我，无我就是空，但是他没有体验到我这个身体虽然是苦，但是苦也是空的，既然苦之中没有我，那为什么一定要自杀、要逃避？他为了要逃避苦而想自杀，便没有真正地体会到空以及无我。要真正体验到空，必须具备菩提心，空和菩提心是一体的两面，没有菩提心，只是想着："我是空的。"这是假的空、消极的空，不能真正离苦而得解脱。

三、正语

正语，又名"谛语"。

"正见"成就慧增上学；"正思惟"是依慧增上学，引发在日常生活中的"正语"、"正业"、"正命"的实践，成就戒增上学；"正念"、"正定"是依慧增上学成就定增上学，"正精进"则依慧学而成就戒定慧的三增上学。

正语，即是以四种妙行——不妄言、不两舌、不粗恶语、不绮语，远离四种口过——妄言、两舌、恶口、绮语。常作如实语，故名"谛语"。

正见是正确的认知，正志是用正确的心念来审思正见的内容，而正语是要如何配合语言行为着力修行。正语，即为真实的语言，《金刚经》云："如来是真语者、实语者、如语者、不诳语者、不异语者。"因此，正语必须要离开四种不好的语言：（一）妄语：说谎；（二）两舌：挑拨；（三）恶语：粗话；（四）绮语：花言巧语以及戏谑的话。除此之外，《瑜伽师地论》中又提到修学出世道的人，也不得说："王论、贼论、食论、饮论、妙衣服论、淫女巷论、诸国土论、大人传论、世间传论、大海传论。"

语言，是用来表达自己的意见、思想和智慧的，而不是用来伤害人的；与他人互动时，目的是使得他人得到幸福、快乐、安慰、鼓励，也使他人发挥智慧心和慈悲心，当他人得到利益的同时，自己必定也会得到利益。因此，即使语言的表达非常好听，但是却伤害了人，那就不是好语言，也不是正语。

我们在对家人、朋友、部属和长官，对任何人在用语言表达时，让他人不起烦恼、不生邪见的就是正语，如果让他人生起邪见、邪思，或使他人困惑，甚至很痛苦，马上就要自我检讨，要来修八正道中的正语了。

能够实践正语这一项修行法门，对任何人都会尊敬，跟任何人相处都是和谐的。如果遇到无理取闹的人，要知道是他在受苦，我们应该用菩提心、慈悲心，希望所有的人都不要那么愚痴和烦恼。如此念头一转，便不会用恶语相向了。

四、正业

正业，又名正行，又名"谛行"。

正业，即是身三妙行——利益众生、广做布施、净修梵行，离三类身恶行——杀生、不与取（偷盗）、邪淫（出家众为不淫欲），清净合乎正道的行为，故名"谛行"。

为何会产生这三类不正行？是由于三种原因：（一）邪见：不正确的知见，认为三种不正行是修行的法门，认为是能够使自己健康、长寿乃至生天的方法；（二）贪心：因贪财、贪名、贪男女色，而犯了三种不正行；（三）瞋怨心：为了报复，发泄自己的怨恨、愤怒而去杀、去偷、去邪淫。

目前中东地区的以色列、巴勒斯坦，经常发生冲突，互相杀戮，还有美国在发生九一一恐怖事件之后，对阿富汗及伊拉克等地发动战争，这都是因为彼此仇恨、相互报复，是很愚痴的行为。从佛法的角度来看，如果能以菩提心、慈悲心来对待所有众生，这些行为便不会产生。

因此，正业实际上就是对生命的尊重，保护生存环境里所有的资源及生态，绝不能为了私利而伤害到其他人，使社会、全人类受到损失。此外，要养成多结人缘、多布施的习惯，目的是让他人得离苦，使自己生欢喜。

五、正命

正命，又名"谛受"。

命，就是活命、生活，正命是佛弟子的生活方式：在家佛教徒，要以合乎佛陀教法的生活方式，谋取各种生活所需；使用之时，不得浪费奢华，也不过于悭吝刻薄。要避免与杀、盗、淫、妄、酒等五戒相违的各种职业。

出家佛教徒，一向以施主供养生活所需的四事——衣、食、卧具、医药为来源。当避免五种邪命：（一）诈现奇特相以求利养；（二）说自己功德以求利养；（三）学占卜、说吉凶以求利养；（四）大言壮语以求利养；（五）向彼称此，向此称彼以求利养。如《遗教经》说："持净戒者（比丘）不得贩卖贸易，安置田宅，畜养人民、奴婢、畜生。一切种植，及诸财宝，皆当远离。"如法获取生活资源，以正确清净的生活方式接受生活之所需品、所需物，就是"谛受"。

人活在世界上的第一要件是求生存，而正当的活命方式，必须要跟三无漏学相应，并以智慧、慈悲的立场来考量。智慧，是不使自己生烦恼；慈悲，是不因自己活命而伤害他人，甚至包括其他的众生。每个人都应该有工作，一般人考虑的工作是法律所允许的，但是有些在法律上允许的工作，也会让人受到伤害，对己、对人，既不智慧，也不慈悲。作为一个修行佛法的在家人而言，最好能够避免与不杀、不盗、不邪淫、不妄语、不饮酒等相违的职业。例如，以杀为业的肉品商，他们并不觉得是做了坏事，只是提供人们食物，算是一种服务业；然而拿众生的生命作为赚钱谋生的一种方式，这是不慈悲的。

有一位男居士来皈依三宝之前，他家三代养猪，皈依三宝之后便改行了。这位信徒过去在一年之间都会饲养二千至四千头猪，他曾经跟我说："师父，我只是养猪而已，我把它们照顾得肥肥大大的，我没有杀生，我是很慈悲的。"

我问他："这些猪要一直养下去吗？"

他说："不是，是要卖给屠宰场，那些杀猪的人才不慈悲。"

我说："你能将他们请来，让我见见他们吗？"

这位信众带了两位屠宰场的老板来见我，我说："你们什么行业都可以做，为什么一定要做杀猪的行业呢？"

其中一位老板说："过去杀猪是很残忍的，而我们很慈悲，研究出如何使猪死得快乐，事实上我们并没有要杀猪，而是有许多人要吃猪肉，我们不杀，其他的人也会杀的。"

我说："不管你们如何慈悲，把猪杀了总是真的。"

"法师！如果你真正慈悲的话，就叫那些爱吃猪肉的人不要吃，那我们就可改行。"

正在此时，另外有两位先生在一旁听到我与养猪、杀猪的人的对话，我便问他们两位是否吃猪肉？其中有位说："师父，我们没有一定要吃猪肉，可是我们不论走到哪里，都是卖荤食，不吃肉很不方便。最好叫他们不要养猪、不要杀猪，我们就不会吃了。"可见养猪杀猪的谋生方式，对修行佛法的人而言，乃是必须终止的。

又如以偷盗方式来谋生的人也不是正命。不予而取，谓之偷；强夺豪取，谓之盗。世界上每样东西都是有主的，凡是不属于自己的，都不可以偷取或抢夺。曾有一件发生在台湾国家公园的案子，有一群人组织了一个公司，专门到高山上挖掘一种特殊的小石材，还捡了一些树根，结果经人告发，这个公司的人抗辩说："这些石块与枯树根在山上太多了，都没有人要，我们不捡，石块变成废物，枯树根会烂掉，岂不可惜？我们公司是把它们变成有用之物，化腐朽为神奇，为国家社会增加财富，为何要禁止？"结果法院还是判决他们盗窃国家财物，因为这东西是属于国家公园所有的。

正命，是依据慈悲和智慧的原则来从事各种行业，否则就不是正命而是邪命了。在家人的家庭和事业，其生活方式能够持五戒就可以了，就算是正命。而出了家的比丘和比丘尼，就更严格了，因为出家人的生活所需，主要是由信众供养，自己不需要从事以及经营谋取资生之物的行业。

但由于生活环境和风俗习惯不同，各地佛教出家人的生活方式也有差异。在印度，出家人的生活全部都是靠信众或者王臣来布施；而中国的出家人，有供养习惯的信众不多，因此中国的出家人必须种田，以求自耕自食。在印度，出家人种田是邪命；在中国，出家人种田则是正命。

又例如，在中国古代，经典是不可以卖而是布施的；还有在我年轻时的中国大陆，比丘弘法讲经要收门票的话，会被人骂说是在贩卖如来，将佛法当货品贩卖，这是邪命。可是到了西方社会，弘法演讲不卖票，场地费从哪里来？

去年春天，我在美国哥伦比亚大学举办了一场演讲，因为没有卖票，以致于筹措各项经费时颇为辛苦。今年我们又准备再办一场演讲，但是预计来听经的人需要买票，因为自给自足，由听讲者自己付钱。这是社会环境使然，不算是用佛法换取金钱，所以这还是正业、正命，而非邪业、邪命。

六、正方便

正方便，又名正精进、正治，或名"谛法"。

有了正见、正思惟的慧学基础，又有了清净的身、口二业的戒行，自然能得身安心安，接下来便可以勤修正念和正定，而趣于证得解脱涅槃了，故名"谛法"。

正精进，便是三十七道品的第二科四正勤：（一）未生的恶法，使之不生；（二）已生的恶法，使之断除；（三）未生的善法，使之生起；（四）已生的善法，使之增长。

正精进通用于三无漏学：（一）戒学，努力于离毁犯而坚持净戒；（二）定学，努力于远离定障的五欲及五盖；（三）慧学，努力于远离邪妄知见及各种烦恼障碍。正方便又称为正精进，便是于诸道品，一向精勤，勇猛向前，专着不舍，勉力不退，伏烦恼心。

正精进涵盖了全部的八正道，也就是努力不懈地远离戒、定、慧三无漏学的障碍。然而仅仅远离还是不切实的，必须积极地去修诸道品，才能伏除各种障碍。

七、正念

正念，又名"谛意"。

正念是如实忆念诸法之性相，令不忘失。即是依四圣谛理，顺念、遍念、忆念、念诸道品。若以四念处为例，即是忆念观照"身、受、心、法"的自相及共相，以对治净、乐、常、我的四种颠倒，由四念处而生起念根、念力、念觉支。

身念处 观自相是观自身相不净。其共相则是观自身是苦、空、非常、非我，以对治身净的颠倒想。

受念处 观自相是观自己欣求乐受，结果却生苦受。其共相则观自己所受是苦、空、非常、非我相，以之对治乐受的颠倒想。

心念处 观自相是观自己能求之心不住。观其共相是观不住之心，是苦、空、非常、非我，以之对治心是恒常的颠倒想。

法念处 观自相是观一切法，皆为因缘所生，无有自性，即成观法无我。观其共相是观一切法，无非是苦、空、非常、非我，以对治把一切法执之为我的颠倒想。

正念，是与无漏慧相应的，故又名为"谛意"。事实上，八正道虽然是三十七道品中的第七科，但是它最完备，也可以独立运作，因为它涵盖了前面的六个科目。释迦牟尼佛教导弟子们修行时，最基本的佛法就是"四圣谛"与"八正道",而八正道中的第一项"正见",即为四圣谛。因此,八正道里有理论、有方法,也有平常生活实践之准则,以及如何到达修行智慧和禅定的目的。

若以六念法门为例,一心忆念,念佛、念法、念僧、念戒、念天、念施,便是正念。若以净土法门的念南无阿弥陀佛的六字洪名为例,念佛念至临命终时,能够心不颠倒、意不错乱,便名之谓不失正念。

八、正定

正定,又名"谛定"。

正念修习成就,即能成就正定。即是离五欲及五盖的恶不善法,成就初禅乃至四禅。由世俗有漏的世间禅定,依四圣谛的"苦、苦思惟、集灭道、道思惟,无漏思惟相应",便是趣向涅槃的胜定,故名正定。依正定而起现证缘起寂灭性的无漏慧,那便是涅槃智,也就是断烦恼、了生死、得解脱。

正定,是八正道里的第八项,也是三十七道品的最后一个道品。三十七道品一开始是四念处修观,而后修四种神足的禅定,而正定便是与四神足、定根、定力、定觉支相应的解脱定。

禅定的定义为"心一境性",性质是念头止于一个境界,止于一点上;是由五停心,特别是数息及不净二观,另有八解脱、八胜处、十遍处修习而成。

定是有层次与阶段的,正定是最高而殊胜的出世间禅定。一般人在日常生活中,心能够比较稳定,情绪不易受到波动、起伏,似乎有点定力、定功,似也可以称之为定,但不是禅定。真正修行禅

定的方法而得较深的定，共有"四禅八定"的层次，四禅是色界的
初禅、二禅、三禅、四禅，每一禅就是一个定的层次；而入第四禅
后又有四种深定，是无色界的定；实际上就是四个禅天之中，有八
个层次的定。

在佛法所见的凡夫世界分为三大层次：（一）欲界：欲界的众生
执著于贪恋的享受，追求五欲，不离五盖等恶不善法，以物质世界
为自己的生命，若欲界众生能够次第修九住心，而与舍受相应，即
入未至定，成为初禅的前方便。（二）色界：已进入禅定的境界，感
觉到住在定之中，而被物质负担释放了的觉受。它有四阶：初禅离
生喜乐、二禅定生喜乐、三禅离喜妙乐、四禅舍念清净。（三）无色
界：更深的禅定，属于第四禅天里更高层次，也有四阶：空无边处、
识无边处、无所有处、非想非非想处；但即使到达了这个层次，如
果因为执著于禅定的经验，执著于禅定的寂静，所以仍未得解脱，
若有无漏慧相应，如此便可由四禅而入第九次第的灭尽定，便从三
界永得解脱。

我常在禅修期间告诉来参加的禅众们说："用度假的心情、用享
受的态度来修行。"这对于没有参加过禅修的人而言，是无法理解和
想像的，整天都在打坐，又不准讲话，食物与睡觉的地方也都不像
餐馆和旅馆，怎么可能抱着这种心态呢？可是很奇怪的，许多参加
过禅修的人，他们多半会一次又一次地再来，一些在家居士，只要
有假期能安排出时间，一定会不断地再来参加禅修。他们真的把禅
修当成度假，当成享受，这就是得到了禅修的好处。

没有参加过禅修的人，我鼓励大家来试试看。如果我们每天都
有一段时间练习禅修的方法，这一天的心情都会平稳、和谐；如果

每星期、每个月、每年，都能有较长时间的定期修行，自然而然会体验到禅修的好处。如果能进入禅定，便能经验到轻安：初禅得语言灭轻安，二禅得寻伺灭轻安，三禅得喜灭轻安，四禅得出入息灭轻安。轻安的定乐，超胜于世间法中一切的欲乐，若与空慧相应，便从烦恼的我执得解脱。

大家尚未得到解脱，也未成佛，也不可能马上证得阿罗汉果，讲八正道的正定，似乎跟我们没有什么关系。但是修习正定还是有用的，普通凡夫虽未修得四禅八定，也可以练习着在平常生活里，如何能够不受身心与环境状况的影响。例如最近有一位六十多岁的老太太，她在三个星期前检查身体时，发现心脏和肝脏之间有一个拳头大的肿瘤，医生还在研究这属于什么瘤时，这个肿瘤却在短短的时间内疾速变成了有八磅重。从外表看那位老太太好像已怀孕了七八个月，她的家人都很恐慌，送到医院时医生说已经不能动手术了。由于她听我讲过这样两句话："遇到麻烦的病症时，只有把病交给医生，把命交给佛菩萨，系念佛菩萨，自己就没事了。"她就用我的这几句话，少了一些不安，也算是从念佛观而得的安定力。

又例如最近我的一颗牙齿有问题，让我很不舒服，请一位医生替我治疗。当时他为我打了麻醉针，所以不觉得痛，等到回来后就寝前，麻醉药已经退失，那个部位不但很痛，而且还有些灼热，可是当时已经很晚，医生大概也休息了，我只好等到隔天早上再说。然而痛还是很痛，我就告诉自己说："不是我在痛，而是我的身体在痛，就让它痛吧，我要睡觉了。"这样一想，我的身体和头脑就放松了，在朦胧之中睡着了。睡了三个小时之后醒过来，牙齿居然不痛了，这也算是从念处观而得的功用。

八正道与三增上学

佛说的脱苦之道，即是八正道，其内容其实就是戒定慧的三无漏学，又名三增上学，都是由闻慧而进入思慧，再依修慧而现证解脱慧的涅槃智。也就是由闻慧的正见，生起思慧的正思惟、正语、正业、正命，这部分属于戒增上学；再由思慧而进入正精进、正念、正定的修习，而生起修慧，依修慧而得现证慧；这既是定增上学，同时也是慧增上学。因为八正道是由止见等而入正定，故不同于世间禅定，所以得到定增上，也就得到了慧增上，究竟便得俱解脱。

现依据印顺法师《成佛之道》，将三增上学及闻思修证四种慧位，与八正道的关系，列表如下：

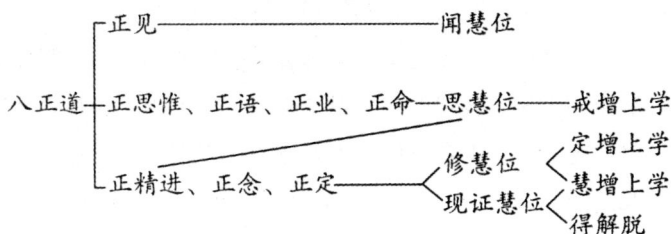

八正道与四圣谛

八正道的"正见",是闻四圣谛法;"正思惟"是审思明察四圣谛法。世尊于鹿野苑为五比丘初转法轮,说的便是四圣谛法。

生死苦果的事实,是由造了生死业的苦因而来,即是苦谛与苦集谛。如果顺着苦谛与苦集谛的因果循环,便是十二因缘的生死流转,便是世间的苦海;如果不造生死业,便断集谛,亦灭苦谛,便是十二因缘的生死还灭,便能出离世间的苦海,而得解脱。

但是,集谛不易断,苦谛就不易灭,那是由于无始以来的无明烦恼,总是令人陷在造业、受报的漩涡之中,无法超脱。故欲灭苦谛,当断集谛;欲断集谛,当修道谛。所以,修习道谛,才是证苦灭谛的正因;证得苦灭谛,便是修习道谛的结果。

生死苦的果报,是因无始无明而造了生死业。无始无明即是十二缘起的第一缘起,若观无明、观无明集、观无明灭、观灭无明之道……乃至观老死、观老死集、观老死灭、观灭老死之道,这便是十二缘起的四谛观了。为了要以修习道谛,来断苦集谛而证苦灭谛,所以世尊为弟子们说了八正道:以正见,闻知四圣谛,离于邪见、边见;以正思惟,审慎明察四圣谛,向于离欲,向于灭苦之道;以正语、正业、正命，向于断截苦集圣谛，不造生死业因；以正精进，修习戒定慧的三增上学，向于苦灭圣谛；

以正念、正定 〈 完成定增上 / 发起现证慧 〉 得寂灭智，证解脱果。

其中"正见"一项的内容，即是佛在鹿野苑为五比丘说的"三转十二行相"的四谛法轮：

尔时，世尊告诸比丘，有四圣谛。何等为四？谓苦圣谛、苦集圣谛、苦灭圣谛、苦灭道迹圣谛。若比丘于苦圣谛当知、当解，于集圣谛当知、当断，于苦灭圣谛当知、当证，于苦灭道迹圣谛当知、当修。

若比丘于苦圣谛已知、已解。于苦集圣谛已知、已断。于苦灭圣谛已知、已证。于苦灭道迹圣谛已知、已修。如是比丘则断爱欲。转去诸结。于慢、无明等究竟苦边。

哪些是苦？哪些是集？什么是灭？什么是道？
苦是应知的，集是应断的，灭是应证得的，道是应该修习的。

苦、我已彻知，集、我已断尽，灭、我已证得，道、我已修学完成。

这也就是表示，佛陀是从四圣谛的知、断、修、证中，完成了解脱生死的大事，弟子们也应该照着去实行才对。如何修学？便是依据八正道而修证四圣谛了。

八正道与十二因缘

八正道既与四圣谛密切相关，当然也与十二因缘有关系。因为四圣谛就是为了处理十二因缘的苦集二谛，而说出了灭苦、断苦集的道谛。八正道的正见，便是让弟子闻知由于十二因缘的苦集二谛，因果循环，而成生死苦海。也让弟子闻悉当修苦灭道圣谛，而断苦集谛，而证苦灭谛。也可以说，八正道的功能，便是能使十二因缘的生死流转，变成为十二因缘的生死还灭；生死流转是无边的苦海，生死还灭是涅槃和解脱。

佛陀在《阿含经》中常说："此有故彼有，此生故彼生；谓无明缘行，行缘识……生缘老死"，称为"纯大苦聚集"，便是指的十二因缘的生死流转，是由苦集而有苦果，在受苦报的同时，又造苦因的苦集，并且循环不已。

佛陀在《阿含经》中又常说："此无故彼无，此灭故彼灭，谓无明灭则行灭，行灭则识灭……生灭则老死灭"，称为"纯大苦聚灭"。使是十二因缘的生死还灭，是由修习道圣谛，而断苦集谛，证苦灭谛。因修道圣谛而得无漏的涅槃智，而灭无明；无明灭、则行亦灭，行灭则识亦灭，乃至生灭老死亦灭，此时便从苦谛与苦集谛得解脱。

```
                    ┌无明┐
              过去世─┤    ├─过去世的二因   集谛
                    └行 ┘
                    ┌识 ┐
                    │名色│
              现在世─┤六入├─现在世的五果   苦谛
三世十二因缘─┤      │触 │
              │      │受 │
              │      └  ┘
              │      ┌爱 ┐
              │      │取 ├─现在世的三因   集谛
              │      └有 ┘
              │      ┌生 ┐
              └未来世─┤    ├─未来世的二果   苦谛
                     └老死┘
```

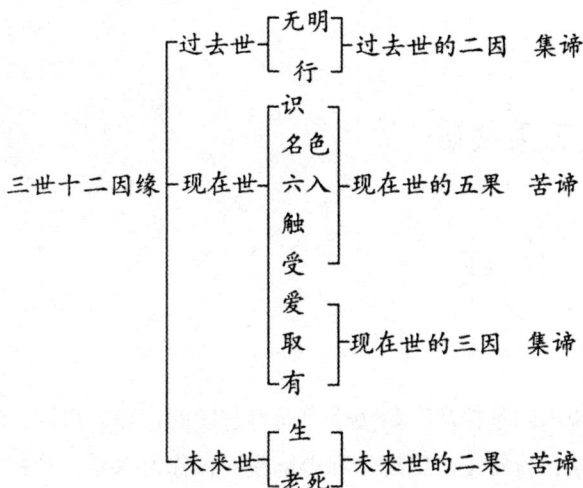

　　由此可知，修习八正道，即是四圣谛中的道圣谛，若不修习八正道，便不得涅槃智；不得涅槃智，便不能断集、不能灭苦，便永远流转在十二因缘的生死苦海而不得解脱了。

　　八正道是四圣谛中的道圣谛，是用来断集灭苦的道品次第。四圣谛的苦谛及集谛，便是十二因缘的三世因果；若要出离十二因缘与三世因果的范围，必须修习八正道的道品次第。所以也可以说，八正道的道品次第，是为了对治十二因缘的生死流转而设。

　　八正道的范围相当的广，可以说是"戒、定、慧"三无漏学，也可说是"四圣谛法"，四圣谛法之中如果没有八正道，四圣谛就不能成立；既然八正道与四圣谛是分不开的，自然跟十二因缘也分不开了。因为四圣谛是使我们离苦得乐，而十二因缘就是苦的事实，修八正道就是要灭除十二因缘构成的大苦聚。

八正道是三乘共法

闻佛所说的四圣谛法，如法修习而得解脱的，称为声闻。未闻佛说四圣谛法，自观十二因缘法而得解脱的，称为缘觉，梵名辟支佛。合此二者，总名为二乘圣者，相对于大乘的菩萨道而言，二乘又名为小乘的解脱道。

但是，大乘的菩萨道，必须也以解脱道为基础。不论大乘或小乘，出离生死的才是佛法，所以解脱法门的八正道，是大小三乘共通的涅槃门，也即是《阿含经》中所说别无二法的"一乘法"。因此，不仅小乘的《中阿含经》及《杂阿含经》宣扬八正道，诸大乘经中，亦盛赞八正道。例如：

《佛说阿弥陀经》介绍西方阿弥陀佛的极乐世界，称扬"七菩提分、八圣道分"。

《楞伽经》云："唯有一大乘，清凉八支道"。

《维摩诘经·佛道品》中有云："象马五通驰，大乘以为车，调御以一心，游于八正路"。同经《菩萨品》亦云："三十七品是道场，舍有为法故。"

依据《摩诃止观卷七》上的引文："涅槃云：能修八正道者，即见佛性，名得醍醐。"

　　由此可知，如果从大乘圣典的立场来看，八正道便是大乘法。

　　虽然有许多人认为四圣谛、八正道是属于小乘的佛法，可是在大乘的经典和论典里，都主张用八正道来修行菩萨道，也就是说，菩萨道的完成是需要八正道的。八正道是以小乘出发，却也是完成大乘佛法的基础。

八正道即为大乘佛法

　　若依据《大智度论卷一九》所说的三十七道品，根本就是大乘的菩萨所修道品，对于八正道的部分则如下列所说：

　　正见——菩萨于诸法空无所得住。是智慧，如四念处、慧根、慧力、慧觉中已说。

　　正思惟——断一切思惟分别，因诸思惟分别，皆从不实虚诳颠倒生。菩萨住如是正思惟中，不见是正是邪，过诸思惟分别。观四谛时，无漏心相应。

　　正语——菩萨知一切语皆从虚妄不实颠倒取相分别生。是菩萨作是念，语中无语相，一切口业灭，诸语皆无所从来，灭亦无所去。菩萨知一切语言真相，虽有所说，不堕邪语。

　　正业——菩萨知一切业邪相，虚妄无实，皆无作相，一切业空，菩萨入一切诸业平等，不以邪业为恶，不以正业为善，无所作，不作正业不作邪业，是名实智慧。

　　正命——一切资生活命之具，悉正不邪，住不戏论智中，不取正命，不舍邪命，亦不住正法中，亦不住邪法中，常住清净智中，入平等正命，不见命，不见非命，行如是实智慧，以是故名正命。

正方便——如四正勤、精进根、精进力、精进觉支中已说。

正念——如念根、念力、念觉支中已说。

正定——如四如意足、定根、定力、定觉支中已说。

由此可知，八正道就是自利利他的大乘佛法，以下根据《大智度论》所讲的八正道，重新略为解释：

正见　大乘的菩萨行是修无所住心，也就是说《金刚经》讲的："应无所住，而生其心。"

正思惟　大乘的正思惟不需要有一定的方法，而是以心中没有"我"的这个着力点来作为方法。

正语　菩萨知道我们所用的一切语言，都是从虚妄的颠倒见所产生的种种分别心，这都不是真实语。真实是不必通过语言、文字理解的；然若用语言，亦不堕邪恶。

正业　业是行为，通过语言、身体、意念所产生的种种行为。从菩萨的立场来看，所有一切业，无所谓邪与正、恶与善，这是无分别智。因为没有主观的我执在里面去判断邪、正、善、恶，一切的行为便都是平等的。

正命　从大乘菩萨的立场来看，只要心中没有自私的我，用任何方式来谋取生活之所需，都是正确的。在《华严经》里看到许多的大菩萨们各有不同的职业，甚至还有妓女、魔术师、暴君等。从凡夫来看，这些人都是在造恶业，是邪命，然而经典中说他们是为了度众生而显现不同身份的大菩萨。但是也请大家不要误解，认为邪淫、杀人、偷盗，都是因为要行菩萨道，如有自私自利的自我中心，做种种不正当的事，便是恶业。

正方便、正念、正定　此三项都是为了利益众生而修，这就是大乘法。虽然修的方法与小乘相同，可是目的是为了利益众生。就像释迦牟尼佛出家修道不是为己，而是因为众生有生、老、病、死等问题，为了要使众生从苦中获得解脱，才去修行的。

出离三界的八正道

　　古来都说声闻道的三十七道品，是次第修证的方法。初修四念处；到了暖位，修四正勤；到了顶位，修四如意足；到了忍位，修五根；到了世第一位，修五力；到了见道位，修七觉支；到了修道位，修八正道。

　　这是约就七类的各别特胜意义而说的，如果从经典中来看，任何一类道品，都是能解脱生死的，都可说是"一乘道"。

　　若将三十七道品的功德性能整合起来，也不外乎十类，印顺导师的《成佛之道》，依《大智度论卷一九》所说："是三十七品，十法为根本，何等十？信、戒、思惟、精进、念、定、慧、除、喜、舍。"而归纳为：

　　信——信根，信力。

　　勤——四正勤，勤根，勤力，精进觉支，正精进。

　　念——念根，念力，念觉支，正念。

　　定——四神足，定根，定力，定觉支，正定。

　　慧——四念处，慧根，慧力，择法觉支，正见。

　　寻思——正思惟。

戒——正语，正业，正命。

喜——喜觉支。

舍——舍觉支。

轻安——轻安觉支。

在三十七道品的七科（类）之中，叙述得最圆满的，是第七科的八正道。所以经中常将四圣谛与八正道合起来说；更简要地说，无漏道品便是戒、定、慧的三种增上学了。

八正道是佛陀提供给人间离苦得乐的八个项目。人类有两个基本的大问题，从生命的过程之中，会遇到身心以及社会环境、自然环境等问题而感觉到不快乐，不同的人有不同程度的感受，福报大的，受的苦难少；福报小的，受的苦难就多。

不论是福报大小，任何一个人，到最后都无法避免死亡。八正道就是帮助我们解脱这两大问题的方法：一是如何度过种种的困难而不自扰扰人；二是面临死亡时，不会恐惧、害怕、无奈。

2003年4月20、27日，5月8日，11月2、9、16日，以及2004年5月16、23日，共计8场，圣严法师讲于纽约东初禅寺，姚世庄居士整理